把話說到心窩裡

劉墉 著

目次

第一部・處世說話篇

【原版前言】好話壞話只在一念之間……014
第一章／開不了口的老王……019
學寫作的人應該先學「什麼東西不寫」，
學說話的人應該先學「什麼時候不講」。
第二章／岳母萬萬歲……027
當響尾蛇搖尾巴的時候，
你要小心的是牠的頭。

第三章／馬克的凱旋夢……037

一個看到美食就流口水的人，
怎麼能在餐館端盤子？

第四章／你聽我說完哪！……045

「不—不—不—」
發現糞坑要垮的結巴對朋友喊。
說時遲，那時快，
撲通！
「好了！」結巴說。

第五章／一句話讓你成功……053

有些菜要大火快炒，
有些菜要文火慢煨；
有些話要開門見山，
有些話得撥雲見日。

第六章／告訴你一個好消息……061
好東西與好朋友分享，
好日子與好夥伴共度。
如果你常用我的產品，
保證我能過上好日子；
假使你做我的「下線」，
保證我是你的好朋友。

第七章／誰是老交情……073
平時少開口，偶然開口，開口成金。
總是打哈哈，又打哈哈，哈哈了事。

第八章／無恥老頭的陰謀……093
Mission Impossible
不可能的任務。

你辦成了，是我叫你辦的；
你辦垮了，此事與我無關。

第九章／五場誤會……105

人堆裡有人放屁。
只可偷偷猜想，不必開口詢問；
只可默默享用，不必追查元凶。

第十章／脫衣舞蹈家……119

既然准他上車，
就該讓他補票。

第十一章／烏龍大餐……131

「感性」不等於「性感」，
「皮包」不等於「包皮」，
「劉公子」不等於「子公劉」。

第十二章／那女人是誰？……151

搶片時風平浪靜，
進一步海闊天空。

第十三章／十個聰明人……165

當災難成為歷史，
痛苦就化做冠冕。
當緋聞成為過去，
醜事就化做韻史。

【原版後記】**大道理也能說成小故事**……176

第二部・語言技巧篇

【原版前言】家常話，小心說！……182

第十四章／餐桌上翻臉……187

既然狗子為你叼來了報紙，
就理當得到摸摸頭的獎勵。

第十五章／小弟六點半……199

大丈夫白天對你低頭你別得意；
小弟弟晚上對你垂頭你莫傷心。

第十六章／你為什麼不早講？……211

你說你人不在家，是用手機接我的電話，
我說你一定撒謊，因為我才問過你媽媽。

第十七章／向左轉向右轉……221

有飯粒掛在你的嘴角，

我只要指指我的嘴角。
第十八章／媽媽桑萬歲………231
「你比大家都棒！」
這句話由太太嘴裡說出來，
遠不如由妓女嘴裡說出來。
第十九章／請找我的代言人………239
學生在背後還稱你老師，
你必定是個成功的老師。
第二十章／肚臍上的金環子………247
作文最容易的開頭是「古人說」，
吵架最簡單的開頭是「他媽的」。
第二十一章／老龍翻船記………259
為什麼魔術師身邊總要跟個性感女生？
因為「她」穿幫的時候後「他」就不穿幫了。

第二十二章／落井下石……273

想借錢嗎？先看看他老伴在不在；
想接吻嗎？先看看四周有沒有人。

第二十三章／做奸細的老手……285

偶像明星最大的夢魘，
就是在廁所裡有人要握手。

第二十四章／是誰當家？……293

愈是碰上小鬼當家，
愈得把他奉做閻王。

第二十五章／你敢來壓我？……303

乾隆皇帝才死，
和珅就被賜了死、抄了家。

第二十六章／老喬吃豆腐……313
你既然不想跟我上賓館，
又為什麼請我吃威而鋼？

第二十七章／看誰耐得住……323
要聽現場三萬人的演唱會嗎？
請先別喝水！

第二十八章／受氣包的報復……335
在籃球場上把對方狠狠地撞倒，
不挨揍的方法就是把他拉起來。

【原版後記】**你說話，他窩心**……346

第一部 • 處世說話篇

【原版前言】

好話壞話只在一念之間

說件「鮮事」給你聽——

有個丈夫和太太親熱，撫摸著太太，很有情趣地讚美：「你的皮膚摸起來真細，絕不像四十歲的女人。」

太太笑：「是啊！最近摸過的人都這麼說。」

啪！一記耳光。丈夫吼道：「你最近讓多少人摸過？你老實招來！」

太太摀著臉，哭著喊：「大家是這麼說啊！每個護膚中心的小姐都這麼說。」

*

這是真事，但是怎麼看都像笑話對不對？問題是，當你細心觀察就會發現，我們周遭充滿了這樣的笑話。只因為一句話沒說對，就把喜劇變成了悲劇，把眼看就要辦成的好事，變成了壞事。

「話」人人會說，只是不見得人人會說話；有話好說，只是不見得人人說好話。

不說好話的道理很簡單——因為他沒有多想一想。

舉個例子：

最近我有個朋友，在他新居的後院搭了間工具房。

那工具房是買現成的材料，再自己拼裝的，專門用來放割草機、鏟子、鋤頭這些整理花園的工具。

可是我這朋友興高采烈地才拼裝到一半，他的鄰居竟然隔著牆喊：「你亂蓋房子，是違法的。」

我這朋友氣極了，跑到建管處去問，得到的答案是蓋十呎乘十呎以內的工具屋，不違法；只有超過，才違法。

他回去量了量自己買的工具屋，是十呎乘十二呎，多了兩呎，於是拿去退掉，換成合法的尺寸。

工具屋搭好了，他跑來對我說：

「我非要去糗糗我那鄰居不可，我要告訴他華人不好欺負，我去政府單位問過了，現在搭的絕對合法，歡迎他去告！」

「你何必這麼說呢？」我勸他：「你何不換個方式，對他說『真是謝謝你，幸虧你提醒我，不然我的工具屋多了兩呎，因為違法得拆除，就白蓋了。』你不是照樣讓他知道你去問過政府單位，現在是合法建築了嗎？」

朋友想了想，覺得有理，照辦了。結果不但沒得罪鄰居，還交上了好朋友。

＊

再說個故事。

有個人和他太太為了一點小事吵架，要離婚，起因居然不但不是壞事，還是好事。

那一天，他太太買到一條上好的石斑魚，特別打電話給老公：「你離開辦公室的時候，打個電話回來，我好下鍋蒸。這石斑魚，多一分鐘少一分鐘都不成。」

那太太想得很好，丈夫出門，她蒸魚，丈夫進門，正好上桌。

偏偏她丈夫下班的時候，才打完電話，說要出門了，就碰上個客戶突然造訪，耽誤了二十分鐘。

「糟了！」送走客戶，丈夫心想，趕緊又撥個電話回家：「對不起，臨時有事，現在才能走。」

太太一聽，在那頭跳了起來：「什麼？你還在辦公室？你不知道魚涼了不好吃嗎？你知道這條石斑魚多少錢嗎？」

丈夫沒多吭氣，匆匆忙忙開車趕回去，一路想，一路急，加上晚了，餓，胃都急疼了，路上還差點撞了人。進門沒好氣地說了一句：「魚涼了就涼了嘛！熱一熱不就成了？」太太也沒好氣：「你是沒命吃好魚，以後就給你吃涼的。」

兩個人當然「吵翻了」，拉開嗓子吼，把孩子都嚇哭了，一條好好的石斑魚，放在桌上，誰都沒吃，還差點離了婚。

你說，他們是會說話嗎？

如果那做太太的，能像我那搭工具屋的朋友，換個角度說：「別急、別急！魚涼了，微波爐熱一分鐘就成了，開車小心點，我們等你。」

那丈夫不是會感激老婆的體貼嗎？

*

會說話和不會說話，常在那一念之間。

一念之間，他懂得忍、懂得退一步想，想想壞話怎麼好說，狠話怎麼柔說，就可能有個喜劇的結局。

那一念之間，他毫不考慮地脫口而出，則可能是個悲劇的結尾。

雖然許多人讚美我口才好，但是我從不這麼認為，而且覺得自己年輕的時候總是說錯話。即使到今天，我每天晚上還是常把白天說的話想一想，檢討一下，是不是有不妥當，或者「有更好的說話方法」。

正因此，在這本書裡我提出的案例，都是最真實的，發生在大家身邊的小事。

而由那些小事裡，常能見到大學問；由那些簡單的話語中，常能觸及心靈的深處。

＊

現在，就讓我廢話少說，打開話匣子，把話說到心窩裡！

第一章 開不了口的老王

學寫作的人應該先學「什麼東西不寫」，
學說話的人應該先學「什麼時候不講」。

「先生是第一次來我們社區？」小姐鑽進車。

老王沒說話，只伸出兩根手指。

「喔！第二次了。」小姐把眼睛睜得好大：「上一次是……」

老王還是沒答腔，只聳聳肩，笑笑。

小姐指著前面的車道，請老王轉進去，門口有個警衛，先伸手攔，看小姐探出頭打招呼，趕緊又敬個禮，把柵門打開。

「我們現在到的是A區。」小姐下車，帶老王到電梯：「也就是整個社區的中心點。」進電梯，小姐伸著手指，猶豫了一下：「我們現在只剩下三個保留戶，五十坪、八十坪和一百坪，您要……」

老王伸出一根手指。

小姐又把眼睛睜得好大，按了十二樓的鈕，再轉過身，歪著頭盯著老王，笑嘻嘻地說：「先生看來好有威儀，您一定是個大老闆、董事長吧！」

老王點點頭。

小姐噗哧笑了出來，拍了一下自己的腦袋：「我真笨，還沒問您貴姓呢。」

老王伸左手，用右手在上面畫了三橫一豎。

「喔！王董事長。失敬、失敬！」

＊

小姐帶著老王，一間一間參觀。

「這原來是樣品屋，也是全區視野最好的一戶，本來不想賣的。」小姐扭扭脖子，噘噘嘴：「可是，可是您知道最近房地產不景氣，我們只好割愛了。」看老王沒說話，又加一句：「而且是減價割愛。」老王還是沒吭氣，小姐又跟上來說：「您不是來過嗎？那您一定知道我們以前的價錢囉！」

老王點點頭。

老王是知道以前的價錢，因為他商場的老朋友老孫就住在這棟樓裡。

老王也確實是第二次來，只是上一次不是看房子，而是去賀老孫的喬遷之喜。

這房子的格局和老孫的一模一樣，所以不用小姐帶，老王已經很清楚什麼地方是陽臺，什麼地方有熱水器，什麼地方是後門，以及專供訪客出入的電梯。

但是他特別到陽臺上去看了一眼，繞著那大大圓圓的冷氣主機轉了一圈，搖搖頭，又指指自己耳朵。

「吵！對不對？」小姐說：「您真內行。我們也覺得，只是沒有別的地方好放。」

老王點點頭，他確實覺得吵，雖然今天冷氣沒開，但是上次在老孫家打麻將，冷氣主機就在旁邊，隔一下就覺得窗外一震，令他很不舒服。

＊

參觀完畢。

「您要不要再看看七樓八十坪的？」小姐問。

老王搖搖頭，小姐就按二樓，帶老王到銷售中心的辦公室。

電梯才開，居然已經跑出個自稱陳經理的中年男士：「歡迎、歡迎！王董請進。」想必剛才小姐已經偷偷打了手機。

老王進去，張望了一下。

「我們銷售中心就快結束了，人員已撤走了大半，現在只有後三戶，也是最好的三戶。」陳經理說。

小姐端來咖啡，老王沒碰，下午拔牙，嘴裡還咬著一塊棉花，翻了翻彩色的大樓簡介，又指指錶。小姐趕緊對陳經理說：「王董對我們社區已經很熟了。」

老王點點頭，指了指價目表，搖了搖手指，掏出筆寫了幾個字：「給我一個價錢。」

＊

沒二十分鐘，老王已經回到家。

「怎麼樣？」老婆興匆匆地開門：「你是不是看了十二樓那一戶？比老孫還棒的那一戶？他們開價多少？」

看看時間，能說話了。老王掏出嘴裡的棉花問老婆：「他們要你多少？」

「當然比你便宜，我上午是跟孫太太去的，由陳經理親自接待。」老婆拿出一張紙：「一坪四十五萬，比孫太太當初買，足足便宜三萬。你多少？」一把搶去老王手裡的價目表，看一眼，叫了起來：

「什麼？四十三萬？」

有話好說

大家都聽過一句話——

「雄辯是銀，沉默是金。」

且不論這句話對不對，在我們研究「要怎麼說話」之前，應該先了解「要怎麼不說話」。

老王看房子，從頭到尾，沒說半個字，甚至沒花半個鐘頭，卻可能比那些自以為聰明、有關係、充內行的人，獲得更好的「待遇」。

這就因為「沉默是金」。

那沉默不代表沒有聲音，而顯示了他的「深藏不露」。偏偏在那深藏不露之中，他又透露了一些令對方困惑的消息。

哪些消息？

他讓對方知道了他的身分，知道他是第二次去，知道他對屋子的情況十分了解，知道他清楚行情，甚至讓對方知道，「他清楚那房子的缺點」。

相對地，銷售公司卻對老王一無所知。

也可以說，銷售公司在「明處」，老王在「暗處」。當老王離開，銷售公司的人就再也抓不住他。當「開出的價錢」不合意，這個好主顧就可能永不回頭。

熟人不如生人

老王的太太跟著孫太太一起去問價錢，情況就不一樣了。

從王太太的角度想，孫太太是朋友，又是那裡的住戶，當然跟銷售中心的人熟，也當然應該得到「好價錢」。

可是，從銷售中心的角度要怎麼想呢？

當年，孫太太以一坪四十八萬買的房子，位置還不如現在推出的「保留戶」。而今景氣不佳，跌了價，告訴孫太太四十五萬，已經不好意思，還能說四十三萬嗎？

還有，人來了，是孫太太的朋友，今天談不妥，只要房子賣不掉，還可以再經由孫太太找回王太太：「大家交個朋友嘛！有話好說，不急著決定嘛！價錢還可以談嘛！您認為多少可以買？」

了解了這個心理，你就要知道，買東西，除非你是「圈裡人」，你最好的方法就是深藏不露。說得更明白一點——你應該抓緊機會，單刀直入、廢話少說。

如果你是黔驢，就最好別獻技

廢話少說，是學說話的首要功課。這世上許多事辦砸，都因為說了廢話。且不講說廢話造成的「口舌糾紛」，最起碼，說廢話使你浪費了時間精力，更暴露了自己的弱點。

你聽過「黔驢之技」的故事嗎？

貴州省沒有驢子，有人運了一匹驢子去，因為沒用處，就放在山腳下。

沒見過驢子的老虎，看見驢子長得那麼高大，不敢靠近，只敢躲在樹林間偷看。

有一天驢子大叫了一聲，把老虎嚇得跑好遠。隔一陣，老虎看接下來沒什麼動靜，才又靠近驢子。

驢子氣了，伸出後腳踢了老虎一下。

老虎高興地想：「哈哈！原來你的本事不過會踢而已。」於是一撲而上，咬死了驢子。

看了這個故事，你該了解，如果你不內行，或是只不過「半內行」，最好少說話，因為很可能你簡簡單單半句話，就顯示了你的不內行，表現了你的「黔驢之技」。

更重要的，是當你多說話，或故作內行的時候，也是你最容易閃神的時候，因為你的「神」都拿來充內行了，在其他方面就少了戒備。

不信？再說個買房子的真實故事給你聽。

第二章　岳母萬萬歲

當響尾蛇搖尾巴的時候，
你要小心的是牠的頭。

「天哪！」當房地產仲介宋小姐打開大門，小張簡直呆住了！

白色大理石門廳，鑲著綠色和紅色花崗石的「馬賽克」，兩層樓高的的大廳裡，掛著耀眼的巨型水晶燈。遠遠的落地玻璃窗外，是一片草地和濃蔭。

「這馬賽克是請義大利師傅來做的，據說單單前廳地面，就做了一個半月。」宋小姐指著其中綠色的石頭說：「這叫 Empress Green。」又指著米黃色透明的石頭說：「這叫 Honey Onyx。」

「對、對、對！Honey! 就是蜂蜜的顏色。」小張接過話來，蹲下去，指著綠色的石頭說：「這個中文名字是『綠玉大理石』，臺灣的花蓮就產。」

＊

走進大廳，宋小姐指著水晶燈介紹：「這是捷克的水晶玻璃，不是模子做的，是手工切割的。」

「你懂嗎？」小張回頭看太太：「水晶玻璃是鉛玻璃，折射率特別高，又以捷克出的最有名；至於切割，一定要是用金剛砂輪磨出來的才值錢。」

張太太縮縮脖子，偎在小張肩頭，小聲說：「我不懂。」

小張還盯著水晶燈數，一共有多少顆水晶玻璃呢，宋小姐已經打開浴室的門：

「三位請看！這浴室有多講究，全是Travertine。」

「啊！我懂、我懂！Travertine是一種石灰岩，非常古典名貴，哇！太棒了。」小張拉著太太進去，又出來，把走在後面的老岳母推了進去：「媽，您看看多豪華！」

接著，宋小姐帶大家走到大廳的另一頭，指著天花板說：「這是維多利亞式的屋頂浮雕，不是石膏做的，是真正原木雕刻的。」

「哇！我們在法國的凡爾賽宮不是就見過嗎？」小張拉著太太喊：「我們也有皇宮了耶！」

*

「那真是個皇宮！」回到家看宋小姐的車走遠了，小張得意地問岳母：「媽，您覺得怎麼樣？像不像法國皇宮？」

老太太咧咧嘴：「我沒進過法國皇宮。」

小張笑了起來：「對，我忘了！媽沒去過歐洲。」又拍拍老岳母：「不過沒關係，您現在可以住皇宮了。」

「你們真要買呀？」老岳母問。

「買啊！」小張叫起來：「這麼合理的價錢還不買？」回頭看看太太：「對不對？買！」

老岳母沒答腔，轉身走了。

「媽是怎麼回事？」小張有點不高興。

「她老了，大概捨不得這個家。」太太拍拍小張：「何必管她呢？你覺得好，就好。」

「我當然覺得好，我看過多少房子了，我多內行！」小張氣呼呼地說：「告訴你媽！叫她少作怪！」

＊

晚上，兩口子把存摺翻過來翻過去地算了一遍，又看看當天的股票淨值，雖然有點緊，但是賣一棟、買一棟，勉強還能應付。

「宋小姐，我先生決定買了。」夜裡十一點，張太太打電話過去，宋小姐直賀喜，讚美小張夫婦的眼光和運氣，說隔天就安排簽約。

掛下電話，張太太轉過身，撲在小張懷裡：「好棒喲！我們要住皇宮了。」卻見自己的老母，一扭一扭地出來。

老太太悄悄坐進旁邊的沙發，沒吭氣，半天，突然囁囁嚅嚅地問：

「你們真看清楚了嗎？我怎麼看見那前廳上面裂了一大條。靠近花園的地板和門框下面又都蛀爛了，好像有白蟻呢。」

「媽！」張太太在嘴唇上比了個手勢，拉著小張進去睡了。

夜裡兩點，小張突然翻過身，問老婆：「媽為什麼說她看見裂縫，還有白蟻？你看到了嗎？」

「我都跟著你看，只有媽，一個人走在後面。」

＊

第二天，一早宋小姐就到了。

「我們想再去看看，再決定。」小張說。

「可以啊！」宋小姐很爽快地說。而且跟前一天一樣，從打開大門，就介紹地上的馬賽克：「這是真正義大利……」

小張夫妻沒說話，也沒看地，倒是一齊仰起頭，看天花板上的裂縫。

走到大廳一頭，宋小姐又介紹那維多利亞式的屋頂：「這可是用實木雕刻的……」

小張夫妻也沒抬頭，倒是低頭檢查了地板和門框。

「天哪！全爛了，爛成這樣子，昨天我們怎麼沒看到？」兩口子在心裡一齊喊：「好險哪！」

有話好說

可不是好險嗎？

若非小張的岳母，一個人走在後面，沒有因為專心聽宋小姐的「美言」而蒙蔽了眼睛，小張夫婦很可能在房子買定之後，才發現自己當天中了邪，對那麼大的瑕疵，都視而不見。

宋小姐的做法沒什麼稀奇，這好比戴寬邊大眼鏡的女人，很可能是為了遮她的魚尾紋和眼袋；蓄瀏海的小姐，很可能為了擋她小時候摔跤留在額頭上的疤；頂個馬桶蓋髮型的中年男人，很可能為了掩飾他已經「雄性圓禿」的頭；留落腮鬍子的人，很可能有個特別大的腮骨。

每個人都懂得「遮」，也可以說懂得「隱惡揚善」，如同宋小姐，她沒有說半句謊言，她說的「好」，都是真好；只是當你注意她的好的時候，可能漏了她沒說的「惡」。

「聲東」常為了「擊西」

知道了這一點，如果房地產掮客開車帶你去看房子，他帶你由西邊進入，一路上見到的都是豪宅大院，使你以為自己將買的房子，正在那靜謐住宅區的最深處。你可千萬別這麼想，最好改天自己再由另外一邊過去看看。

你極可能發現，那房子原來隔半條街，就是加油站，隔一條街就是風化區。

同樣的道理，當一個人正鼓其如簧之舌說「東」的時候，你最好別吭氣，先靜靜地往「西」瞧。當別人叫你看屋頂的時候，你最好多注意一下地面。這時候你愈少說話愈好，因為你愈不「答他的腔」，他愈會心虛；他愈心虛，你愈可能見到真相。

你「言多」，他「必失」

我們常告誡人「言多必失」，要人小心，別說錯話，惹了麻煩。

其實「言多必失」的範圍大得多。想想，如果你的另一半在數鈔票，你會在旁邊不斷和他說話嗎？你的小孩正在做功課，你會和他聊天嗎？

你不說話，是為了怕你「言多」，他「必失」。

問題是，你為什麼在銀行，對那正為你填表格、算帳的人說話呢？你又為什麼在醫生正為你開藥的時候扯東扯西呢？

你扯，表示你會交際，表示你幽默、親切，那銀行行員和醫生也和你「哈啦哈啦」地有說有笑，豈知在那談笑間可能出多大的錯？

銀行出錯，你還可能發現；醫生出錯，可就麻煩了，因為他開錯藥，你吃錯藥，除非出了大毛病，你不會知道；他下次發現，也不會告訴你。

少吭氣，聽他說

如同宋小姐說話，會帶開小張夫婦的觀察力。從另一個角度想，你「言多」也可能使別人失去觀察力，更嚴重的是「失去創造力」。

如果你請個室內設計師，到家裡來幫你重新規畫，他還沒進門，你先說出一堆自己的構想；進門之後，你先告訴他你想這裡加門、那邊移牆，你以為這是聰明嗎？

你錯了！

你為什麼不等一等，讓他靜靜地看，看完之後聽他怎麼說？你怎不想想專業的設計師很可能有全新的觀點，想到你不可能想到的好點子呢？

而當你先說了一大半，則可能把他「原有的靈感和創意」，全趕跑了。

你先聽他說完再開口，會有什麼損失嗎？

你做學生還是他做學生？

同樣的道理，教小孩也可能言多必失。

孩子要寫作文，你先問他題目是什麼，然後發表一大堆你的想法，只見孩子瞪大眼睛看著你，舉著筆，不知怎麼寫了。

是你上學還是你孩子上學啊？你為什麼不讓他發揮孩子的創意，讓他海闊天空地去寫作呢？

據心理學家統計，許多由愛講話的父母帶大的幼兒，不但學話不比別的幼兒快，還可能慢得多。

為什麼？

因為那孩子才把頭轉向電視的時候，大人已經幫他開了電視。那孩子才看一眼奶瓶，奶嘴已經被塞進口裡。

「你要這個對不對？」「你要那個對不對？」「你想尿尿了對不對？」神通廣大、觀察入微的爸爸媽媽，隨侍左右、察「眼」觀色，你一言、我一語，哪裡還需要孩子開口說話？

他不用說，就有了。他怎麼可能快快地學會說話？

你當醫生還是他當醫生？

深一層想，你知道醫生看病也要靈感嗎？你今天胸痛，醫生得從多少種「假設」裡去找？你是心臟有毛病，還是得了肺病；會不會是胃不舒服，帶到了胸部？還是得了惡性的胸腺腫瘤？如果你還沒等他想，自己先說：「我猜八成是老毛病，就是又提了重東西，我一提重，就胸痛。」

請問，你要是這麼神通廣大，何必去看醫生呢？

只是，有多少病人都犯這個毛病？他們幫著醫生做判斷，甚至幫著醫生開藥。他們自己把應該懷疑的那些可能，先全部否定了，如果再碰上個不認真的醫生，是不是會順水推舟，正好省得費腦筋？

有一天，你延誤了病情，該怪誰？

只怪你「言多必失」。因為多言，而失了生命啊！

所以在你說話之前，先要學會怎麼聽對方說話，讓自己的身體說話。

對的！讓身體說話，請看下一章。

第三章　馬克的凱旋夢

一個看到美食就流口水的人，
怎麼能在餐館端盤子？

今天是「馬克」再出發的日子。

寄出一大堆求職信，終於有回音了。

其實也不能怪那些沒回信的公司，因為馬克要求的薪水太高了，只是，以馬克的出身、經歷，不要這麼高的薪水行嗎？

「我是值這個價錢的。」出門時，馬克對著鏡子，一邊梳頭，一邊對老婆說：「雖然年紀可能大了一點，但是，」馬克握了握拳頭：「我有經驗啊！」

提起箱子，馬克更覺得踏實了，這箱子裡裝得滿滿的，差點蓋不上，裡面全是馬克過去的工作資料、相簿和幾個國際學會的獎狀。

「開玩笑！」馬克拍拍箱子，笑道：「打開這箱子，就會嚇他們一跳。」

太太幫馬克穿上西裝外套，好一陣子沒穿西裝了，胖了不少，昨天臨時跑去買了一套。加上新皮鞋和掛在皮帶上的新手機，真是神氣。

「準時打我手機。」馬克把手機號碼告訴太太：「那時候我八成正在和他們高談闊論，把那公司的主管唬得一愣一愣的。」

*

九點五十，馬克就進了那家公司。看看時間還早，先去洗手間，再梳了梳頭、擦了擦鞋，還抖了抖西裝外套，確定上面沒有頭皮屑，才拎起皮箱走出去。

果然，公司幾個高級主管全到了，十分客氣地請馬克上座。

馬克先砰一聲，打開箱子，掏出一疊資料，再清清喉嚨，準備發表高見。

那總經理居然沒注意他的資料，只是翻著他寄去的簡歷慢吞吞地念：

「某大企管系畢業，二〇〇二到〇四在某某公司，〇五到〇八在某某公司，〇八到去年初，自組了……」突然抬頭：「去年初……」

馬克早猜到人家會問，立刻接了過去：「您一定是要問我去年初到現在為什麼沒有工作，對不對？其實這段時間我出了國，到紐約進修去了。工作久了，充充電嘛！不過我還是喜歡臺灣，所以回來了。我覺得現在國際的情勢……」

「您原先自己……」

又是馬克早猜到的問題，趕緊接過話：「哦！我自己組的那家公司，我已經把它結束了。賺了不少，所以出國，享受一下生活。」

「很瀟灑、很瀟灑！」總經理笑笑，另外幾位主管也笑了。

突然手機響，屋子裡的人一愣。「我的。」馬克早知道，對大家說聲抱歉：「喂，哦！我知道了，我知道了，把那個約延後吧！我在忙。」

「您忙，」總經理居然起身：「我們就不多占用您的時間了。」

＊

馬克抱著手提箱，走出那家公司的大樓。外面風大，他特別躲到街邊的一個角落，重新整理一下箱子裡的文件。

剛才慌慌張張，怎麼蓋也蓋不上。馬克打開箱子，發現是那個和總統合照的相框卡住了。

「哇！總統的照片，那是你，你真厲害，和總統合照耶！」有個路過的女學生看到了，接著叫她的幾個同學去看。

有話好說

故事說完了。

請問，你看到的是一個意氣風發，到國外壯遊歸來，準備再出發的資深企業家，還是一個已經山窮水盡，卻希望「柳暗花明又一村」的失業者？

馬克不是怎麼看都很不錯嗎？

他穿新西裝，著新皮鞋，甚至用新手機，打扮得十分光鮮，手上更提了一個「內容豐富」的〇〇七手提箱，裡面還有和黨政要員的合照，不是怎麼看都很得意嗎？

問題是，為什麼他反而給你一種落魄的感覺？

答案很簡單——因為他裝，又裝得不高明。

想想看，如果有兩個人同樣拿著手提公事箱，迎面走來。一個人的箱子又厚又重，另外一個則是薄薄的一層。

你會覺得哪個人比較「smart」？

手提公事包，以前又叫「〇〇七」，請問哪一個帥氣的龐德會提笨重的箱子呢？

沒錯！大箱子裡可以放下更多的東西，甚至容納更多的祕密武器，問題是詹姆斯．龐德，為什麼不提個「胖」箱子？

再想想，如果同樣有兩個三十多歲的人到你公司應徵工作，其中一個穿著八成新、乾淨筆挺的西裝，和一雙八成新的皮鞋。另一位則一看就知道是才理的髮，穿著剛摘掉標籤的新西裝，和鞋底還見不到刮痕的皮鞋。

他們同樣說自己是資深的工作者，你比較信哪一個？

用身體說話

人很妙，他隨時評估對方，他也常會「以虛為實」、「以實為虛」。

「身體語言」正表達了這一點。當一個人和你談話時，交叉雙臂在胸前，為什麼顯示他不同意你的看法？甚至顯示了他在採取「守勢」。

因為他的雙臂正在保護他重要的胸部器官，也顯示了他「畏懼」、他「緊張」，他隨時在「自我防衛」。

相反地，當一個人背著手，挺著胸面對你，為什麼明明把他的「要害」全暴露出來，反而給你一種他很有自信的感覺。

因為他表現出「藝高人膽大」，也讓你比較沒有壓力。

說大人，則藐之

談到壓力，動物「與生俱來」地時時在感受壓力。

譬如狗，你蹲下身、攤開手，叫牠，牠常會搖著尾巴靠近你。但是當你彎下腰，一手摸向地面，牠則會遠遠躲著你。

因為前者「放低姿勢」，與牠「平起平坐」，雙手攤開，表示沒有武裝，後者則顯示你可能要撿石頭打牠。

又譬如你新養一隻鸚鵡，想摸牠，最好別用手心朝著牠的頭，免得牠以為你要抓牠，突然咬你一口。而應該用手背靠近牠，使牠不感到威脅。

人看人也一樣。

今天他不卑不亢，準時到達，關掉手機，只帶一份重點的文件，說重點的話，自然先給你一個好印象。

「馬克」如果是是個年輕的社會新鮮人，第一次找工作，新理髮，穿新衣新鞋，絕對沒錯。可是，當他自稱是「老鳥」的時候，再顯示那麼「小心翼翼」，極盡裝扮之能事，就有反效果了。

「說大人，則藐之。」當你要去見「大人物」的時候，如果握手時已經讓他感覺冰涼，你能不在氣勢上先輸三分嗎？

正因此，明明你急著等某人電話，甚至焦躁地在電話前面走來走去，電話真響起來，你也最好別立刻接。

你要等，等響兩聲，再從從容容地接起來。

否則，他八成會想「看！他急著等我的消息。」他甚至可能問你：「你是不是在等誰電話啊？」

請問，你是不是也先在氣勢上輸了？

從背影看人

「身體語言」是一門很大的學問，因為它顯示了你的學養，甚至出身，也顯示了你現在的心態。

記得有一次我去四川九寨溝旅遊，在林間小徑看見前面一群人。我的大陸朋友指著其中幾個人的背影說：「那些必定是臺商。」

靠近觀察，果然不錯。

隔一下，他又指著另一群人的背影說：「這些是本地的生意人。」

事實證明，也沒錯。

我後來問他為什麼從背影就看得出來。

他一笑，說：「前面幾個『牛』，後面幾個『油』。前面幾個弓著背，橫著走，好像說『老子有錢』；後面幾個叼著菸，一擺一擺，甩著手走，好像說『老子得意』。」

且不論他的話對不對，有沒有偏見。最起碼，值得我們深思——連背影都能表現出身體語言。當你希望「把話說到心窩裡」的時候，能不從自己的一舉一動、一衣一鞋「說起」嗎？

第四章　你聽我說完哪！

「不—不—不—」
發現糞坑要垮的結巴對朋友喊。
說時遲，那時快，
撲通！
「好了！」結巴說。

「不得了了，李太太！不得了了！」趙太太上氣不接下氣地，也沒敲門，就衝進李家、衝進廚房：「李太太！你家小毛在巷口玩，一輛砂石車開過來，緊急煞車，你家小毛就倒在車前面……」

「啊！」李太太手裡的菜刀，噹的一聲掉在地上，臉色蒼白，直直地往外衝，才走兩步，突然腳一軟，頹然倒下。

「李太太、李太太！」趙太太過去搖，沒反應，趕緊大聲喊：「要命了、要命了！李太太心臟病發了。」

救護車很快就到了，為李太太罩上氧氣面罩，抬上車，趙太太也陪著坐在旁邊，拉著李太太的手，不斷地喊：「李太太！你可別死，你可別急，你聽我說完啊，我是說你家小毛倒在地上，大家衝過去看，看他自己又站起來了，一點沒傷，真是走運哪！可是……可是……」

趙太太哭了起來：「你怎麼不聽我說完呢？你家小毛正和我家大寶在我家玩呢！」

有話好說

故事說完了。怎麼看這都像個笑話對不對？

可是許多人就用這種方式說話，搞不好，你的職員裡就有這種人。

「老闆、老闆！不好了，工廠把東西全弄錯了、裝反了，幸虧我過去，及早發現，告訴他們，已經全改好了，送到客戶手上，一點問題都沒了。」

請問，如果你是老闆，聽他的話，聽到一半，會不會心跳加速，大喊一聲：「什麼？怎麼辦、怎麼辦？」

如果你有心臟病、高血壓，是不是也和李太太一樣，可能一下子昏過去？

當你發現職員說話犯這種毛病，你能不早早糾正他嗎？

他為什麼不說：「報告老闆，貨物已經送到客戶手上，一切OK，不過原先差點出問題，因為工廠起初把東西弄錯了、裝反了，幸虧我過去發現，及時改過來。」

他說同樣的事，半句也沒少，只是把頭尾翻過來，感覺不是好多了嗎？

當你不想接電話的時候

還有一個常見的情況。

「我忙不完，任何電話來，都說我不在，留下姓名，再回電。」老闆對祕書說。

跟著有電話進來找老闆。

祕書該怎麼說？

她是說「對不起！老闆不在，請問您是哪位？」還是換個「次序」說：「您是哪位？對不起，老闆不在。」

要知道，很多人就因為用後面的方法說話，而得罪了人。

當你先說老闆不在，再問對方是誰的時候，對方不會多心。但是當你先問對方是誰，才說老闆不在，對方就可能不高興了——「是不是因為是我，所以說不在？」

脾氣壞的人還可能因此當場冒火：「他是真不在，還是假不在？」

所以，如果你交代部屬或朋友，為你擋電話的時候，一定要注意他說話的方式，免得在不知不覺中得罪了朋友。

如果可能，你也可以一邊忙，一邊聽著祕書的答話，假使他說：「對不起！我們老闆不在，請問您是哪位，有什麼可以效勞的？」

接著對方報出「名號」、電話，你一聽，是重要人物，不能錯過，立刻比個手勢。祕書正好接下來：「啊！好極了，老闆進來了。」

這種默契不是最完滿的嗎？

播新聞的次序

說話，最大的藝術就在同一句話，你怎麼說。哪件事先說，哪件事後說。尤其重要的是，你要知道如何說到重點。

當我二十四歲大學剛畢業的時候，雖然主修的是藝術，卻被延攬到電視公司做記者。由於我一向愛寫作，所以剛去的一個多月，寫的新聞稿都沒問題，但是有一天，某國元首來訪，我從下午跟到晚上，寫完稿子交上去，卻被主編打了回票：「重寫！次序不對！哪有這樣寫新聞的？」

我的臉一下子紅了，回問：「有什麼不對？我先寫某元首下午幾點到達的情況，再寫他下榻的旅館，最後寫他剛剛接受了總統的晚宴款待。事情是按這個順序發生的，照樣寫有什麼錯呢？」

「新聞、新聞！最新發生的事要先寫。」主編沒好氣地說：「所以你得先寫晚宴，再回頭寫下午的事。」

我照改了，只是又經過好長一段時間，才真搞懂，為什麼要先寫最新發生的事。

先說結果，後道原委

最新的結果先寫，再談事情的原委。無論你寫新聞稿或說話，多半都應該這樣。

譬如你看新聞，某日某時在某地，因為兩輛車對撞，造成兩死三傷。

新聞一開頭，必定先簡短地說「某地某時發生一起造成兩死三傷的車禍。」再回頭來說「今天凌晨五點，在某公路上的某段，由某人駕駛的小客車，與另一輛由某人駕駛的大貨車，因為閃避不及，造成相撞的慘劇，小客車的╳╳╳當場死亡，貨車的駕駛重傷，已經送到╳醫院急救，肇事原因正由警方鑑定中。」

請問，他為什麼不在一開頭，就按照發生的次序娓娓道來呢？

因為那樣不是「新聞」的播法，是「小說」的寫法。更因為那樣做會耽誤時間，造成「李太太心臟病發」的後果。

你吃飯沒有？

說話，要抓住「要領」，要抓住「要點」，要直指人心、要乾脆。

人人都知道這個道理，可是有人說話就是不能乾脆。

舉個例子——

你問他「吃過飯沒有？」

他明明可以直接答：「沒吃。」卻很可能繞個圈子說：「我今天早上起晚了，到中午，原來想吃，又覺得不餓，一忙，發現遲了，匆匆忙忙趕過來，所以沒吃。」

如果他能懂得播報新聞的方式，先說「沒吃」，再做解釋，不是乾脆得多嗎？

如果在開會的時候，大家都能抓住要領，不是會省下許多寶貴的時間嗎？

說話的順序，可以是「技巧」，也可以是「藝術」。前面談的都是技巧，下一章讓我們進入藝術的領域。

第五章　一句話讓你成功

有些菜要大火快炒，
有些菜要文火慢煨；
有些話要開門見山，
有些話得撥雲見日。

「秦小姐好！」小康堆上一臉笑：「王總來了吧？對不起，我提早到了。喔！對了！我叫工廠送樣品過來。」小康東張西望地說：「是不是還沒送到哇？」

秦小姐搖搖頭。

「什麼？還沒送到？唉！他們老是拖。」小康立刻撥手機，才撥兩下，看小廖進來了，立刻停止動作。

「小廖居然也來搶這生意。」小康心想，他和我從同一個地方進貨，麻煩了，他報價會不會比我低？心裡想，表面還是堆一臉笑，跟小廖握了個手。

小廖的手又濕又滑，他也去向秦小姐示好：「秦小姐好！」然後也一樣小聲問秦小姐：「請問我那樣品送到沒有？」

秦小姐也照樣搖了搖頭。

就在這時候，門開了，王總走了出來，居然沒叫兩個人進去，只是匆匆忙忙地說：「你們推銷離心果汁機，有沒有附加切菜功能的那種？」

「有有有！」小廖和小康一起答。

「那就現在拿一臺來看看，我急需。」王總說完就進去了。

＊

小康反應快，一個箭步跳出門去，躲在一角撥手機：「喂，我是小康啊！我要你們出的那臺機器送來了嗎？什麼？出來了？你們不是總拖嗎？怎麼今天那麼快？麻煩你們再出一趟車送一個 A 三型過來，拜託、拜託！」

小廖在會客室裡也沒閒著，他向秦小姐借了電話：

「喂，我是小廖，我急著要補一個 A 三型切菜機，如果來得及，你們和離心機一起送過來好不好？」

＊

兩個人撥完電話，都繼續在會客室裡等。

突然電話響，秦小姐進去幾秒鐘，便見王總穿得整整齊齊地衝出辦公室。

又過幾分鐘，進來七、八個洋人，看王總的樣子，必定都是大客戶。

王總的辦公室門關上，接著又打開。王總探出頭來，低聲吼：「切菜機和離心機呢？」

「立刻到、立刻到！」小康和小廖趨前報告。

果然，正說呢！東西就送到了。三個大箱子抬了進來。

「康先生一臺離心機，廖先生一臺離心機，加上後來追加的切菜機。」送貨員說：「請簽收。」

有話好說

你猜，這筆大生意，小康做成了，還是小廖做成了？

當然是小廖。

可是你想通了嗎？同一個送貨員，同一輛車，由同一個公司出的貨，兩個人又在同一時間打電話，要求加送一件。

為什麼小廖的趕上了，小康的沒趕上呢？

如果你是商場老鳥，一定早知道答案了——

因為他們說話的方式。

當一個公司送貨總是遲、總是慢，總挨你罵的時候。

有一天，你居然盼望他還沒出發，希望他加送一件東西的時候。千萬別一開口就問：「東西送出來了嗎？」

當你這樣問的時候，明明東西還沒出門，他怕你罵，也會說「走了、走了！」

這時候，你要他加一件，他好意思改口說「正巧，還沒走」嗎？

但是，當你換個說法——

「我急著要加一件，如果你東西還沒出門就好極了。」

對方則可能說：「真巧！車子正發動，我叫他等一下。」

於是，你趕上了。

當你又要遲到的時候

換個角度。如果以前約會，你總遲到，今天你又要晚十五分鐘，為了怕對方著急，你打電話過去，說話的技巧也很重要。

假使你電話一接通，就說：「對不起，我今天會晚一點。」

你猜對方會怎麼反應？由於他已經很痛恨你過去遲到，他八成會立刻冒火：「怎麼搞的？又遲到。你不是說這次會準時嗎？」

但是當你換個方式，說：「老張啊！我準三點一刻到，堵車，稍遲十五分鐘。」

他一聽，只遲十五分鐘，則可能高高興興地說：「好！我等你。」

當你只考六十分

又譬如，你是個學生。

今天考數學，考了六十分，你回家要怎麼說？

如果你開門見山：「爸爸！我數學考六十分。」

搞不好，啪一聲，一記耳光過來。

但假使你拐個彎說：

「今天數學考試好難喲，多半的人都不及格，連向來第一名的王大毛都只考六十五分。」

你老爸問：「那你考幾分？」

「剛好及格，六十分。」

相信，那一巴掌絕不會過來，老爸當天如果情緒好，還能讚美你兩句呢！

當場砸了寶貝

一個女學生上課時對老師說：「我昨天打破了我爸爸的骨董茶壺。」

「你父親有沒有很生氣？」老師問她。

「沒有耶！我對他說：『爸爸！我給您泡茶，泡了這麼多年，都很小心，可是今天不曉得怎麼搞的，把茶壺打破了。』」女學生說：「我爸爸先一怔，然後笑笑，故作沒事地說：『破了就破了，東西總會破的，改天再買一個新的吧！』」

她這話，全班都聽到了。

無巧不巧，隔幾天，另外一個女學生也為她爸爸泡了好幾年的茶，也打破了骨董茶壺。

她想起前面女學生說的話，照樣去向她父親報告，卻被臭罵一頓。原因是，她把同樣的話，換了個前後的次序說出來——

「爸爸！我打破了茶壺。」她戰戰兢兢地報告。

「什麼？把茶壺打破了，那是骨董耶！」老爸臉色大變。

「爸爸！可是我今天不曉得怎麼搞的……」她解釋。

「你心不在焉！粗心！」

「可是，我給您泡茶，泡了這麼多年……」她又解釋。

「你還強辯？」老爸吼了起來。

壞話要緩說

好！現在讓我們回頭看前面的四個故事——

「你們送貨車出來了嗎？」

「我今天要遲到。」

「我數學考六十分。」

「我把茶壺打破了。」

這些都是他們說話的重點。如果是「播報新聞」或開會，這些重點都必須先說。但是在某些特殊的情況，為了減少「衝擊」，卻不得不後說。

也可以講——

令人敏感的結果，最好不要單刀直入，你可以先「設定底線」，使對方知道糟也糟不到哪裡去；或者經過「對比」，使那原本聽來很突兀的結果，顯得不那麼刺耳。

當然，還有許多情況，需要你先隱藏談話的目的，一點一點，製造氣氛，引導對方進入你的主題。

請看下一個故事。

第六章　告訴你一個好消息

好東西與好朋友分享，
好日子與好夥伴共度。
如果你常用我的產品，
保證我能過上好日子；
假使你作我的「下線」，
保證我是你的好朋友。

「琳達！好久不見！」
「你是……你是喬安，哇！真是好久不見了。」
「你愈來愈年輕了耶！」
「算了吧！你才愈來愈年輕了呢，我差點認不出你了。」
「我們有五年沒見了吧！」
「嗯……是有五年囉。」
「日子過得真快，你兒子上小學了吧？」
「都小學三年級了！」
「真的啊！看你還像個小姐似地，兒子都那麼大了，真令人羨慕。」
「得了吧！你才不簡單呢！」琳達過去拍拍喬安的肩膀：「說實話，我覺得你才真是年輕，你……」
「還沒嫁呢！唉，一天到晚忙事業，不嫁了！」
「還是沒結婚不顯老。」琳達繞著喬安打量一圈：「多時髦！多漂亮！」放小聲：「欸！傳授兩招，你怎麼保養的？」
「哪兒有什麼保養？」喬安攤攤手。
「你騙鬼呀！我不信，你一定下了工夫。」琳達的眼睛上上下下地看著喬安。

「你真要聽？」喬安笑笑：「年輕，大概因為我的皮膚保養得還算好，三十五了，多半的人都有眼袋了，我沒有。」

「是啊！你是沒有。」琳達把鼻子湊到喬安的面前。又低下頭：「你看，我就有。」

「你有嗎？」喬安也貼近看：「你也沒有啊！」

「有！」把「有」字拉得特別長。

「你有嗎？我覺得你和我一樣啊！」喬安把琳達一把拉到鏡子前面，天花板上一盞投光燈，正好打在兩個人的臉上，立刻分出了「高下」。

「嗯……」喬安沉吟了一下：「一點點，你只有一點點，大概昨晚沒睡好。」

「得了吧！有就是有，不像你，一點都沒有眼袋。」琳達把嘴噘起來說。

「哎呀！」重重拍了一下琳達：「眼袋算什麼？搽點左旋C不是就沒了。」

「左旋C？」

「是啊！你沒聽說左旋C？美國最新基因工程的保養霜？」

「沒有！」

「怪不得了，來！」喬安打開皮包，拿出一個小盒子：「我剛買的，全新，還沒打開呢！你要不要試？再不然……，送你好了！」

「不不不！我買，你幫我買一瓶吧！」

「你真要買？這可是滿貴的唷！」拍了一下琳達：「哎呀！說錯話了，以你今天的身價，哪裡在乎這點錢。」

「看你搽那麼管用，我當然要買，多少錢？」琳達回桌子拿皮包。

「你可真性急。」喬安跟過去，笑笑：「不過你今天也真碰對了人，我和這家美國公司熟，七折就買到了。原價一萬三，給我九千就成了。」

琳達怔了一下，不過只有半秒鐘，又笑了，一邊數錢，一邊說：「基因工程的東西，確實不便宜。」

「也確實管用。」喬安接過錢，又掏皮包，拿出一疊說明書交給琳達：「你看看，就知道為什麼管用了，上面全是使用者的見證。哦，對了！」又拿出一張表格：「如果有朋友感興趣，你也可以介紹給她們，你填這張表，向我拿貨，只要賣十盒以上，就可以拿半價。」

喬安拉著琳達到窗口：

「你看！下面那輛紅色的BMW，就是我的，你只要賣五百瓶，公司就送你一輛。下個月，公司還安排去夏威夷呢！」

有話好說

故事說完了，你大概也看懂了。

五年不見的喬安，今天為什麼自己找上琳達？

很簡單，她要推銷她直銷公司的產品，要琳達做她的「組織下線」。

但是，她沒有開門見山地說明來意。她繞圈子，她甚至沒說半句要推銷的話，而是琳達自己上鉤的。

妙不妙？高不高？就這樣，九千塊到手了。

話說回來，如果喬安開門見山就說：

「你看！你有眼袋了，我都沒有，我介紹你一種特效的眼霜，一瓶九千塊。」

琳達會買嗎？

只怕當場就翻了臉：「你居然說我有眼袋，傷我自尊心？原來你是要推銷那什麼狗屁東西，貴得要死，誰知道你不是去動了摘除眼袋的手術，再拿東西唬人？」

驚豔的效果

把重點或驚人的結局放在後面說，以造成「驚豔」的技巧，正是我們在這一章要討論的。

再舉個例子：

輕話不可重說

有個老先生，突然失眠，渾身乏力，對什麼事都提不起勁，連大門都不願意跨出半步，而且莫名其妙地想哭。

老先生去看醫生。

醫生檢查之後說：「你是腦出了問題。」

老先生臉色立刻變了。

醫生又說：「是腦裡的傳導物質出了問題。」

「什麼傳導物質？」老先生緊張地追問。

「這是一種老年憂鬱症，老人家常有的問題。」醫生又說：「小毛病！我給你開藥，很快就會好。」

老先生一下子鬆弛了，差點滑下椅子。

*

看完這個例子，你說，那位醫生會不會說話？

如果同樣的話，他反過來說：

「小毛病，吃藥就會好。這是一種老人常有的憂鬱症，是腦裡一種傳導物質出了問題……」

老先生會那麼緊張嗎？

再舉個例子——

壞話可以好說

一個教鋼琴的老師，對學生家長說：

「下個禮拜開始，你小孩的學費要調漲了，由一小時三百五調到五百。」

家長大吃一驚：「什麼？一下子調高這麼多？為什麼？」

「因為你孩子彈得愈來愈深，現在已經進入高級班，所以要照高級班收費。」老師說。

「他進高級班了？」家長嘴一撇：「我怎麼覺得他還彈得很爛呢？」

請問，那老師會講話嗎？

如果他把句子反過來安排——

「恭喜、恭喜！你孩子愈彈愈好，現在可以進高級班了！」老師高興地對家長說。

「真的啊！我還以為他很初級呢。」家長笑道：「都是老師教得好。」

「哪兒的話！是您孩子的資質不凡。」老師摸摸孩子的頭：「不過這下升入高級班，又要媽媽多破費了，由一小時三百五調到五百，你可得好好用功，別辜負爸媽的辛苦唷！」

你說，感覺不是好太多了嗎？

*

由以上這些例證可以知道，你在陳述任何一件事情之前，都應該先想想，用什麼方法能造成最好的效果。你是希望對方大吃一驚，還是要他慢慢進入情況；你是希望先提供各種資訊，由對方去組合，再和你的結論印證，還是「冷不防地」給他一記，再為那「一記」做補充說明。

這樣說，可能還不夠明白，再舉幾個例子吧！

冷不防給他一記

譬如你主持選美會，每個小姐都由你介紹出場。

「現在出場的是來自紐約的寶琳小姐。」

寶琳小姐出場了，在掌聲中，你繼續報告：

「寶琳小姐出生在紐約市，今年二十一歲，身高一七〇公分，體重五十四公斤，是紐約大學的學生，主修英國文學，喜歡文學、音樂、旅行，將來希望當個作家。」

你這樣介紹，是標準的主持選美會的方法。因為每個佳麗在選前都不是名人，對大多數觀眾而言，也很陌生，所以你可以用「開門見山」、「播新聞」、「做簡報」的方式介紹她出場。

慢慢地由你來猜

但是，換個角度，今天如果出來的是位廣受歡迎的名人時，你就不能這麼說了。

你要換「先提供各種資訊，由對方去組合，再和你的結論印證的方式」，譬如你說——

「有一個女孩子，她天生有著甜美無比的歌喉。十歲那年，她參加黃梅調歌唱比賽，得了冠軍；十四歲推出第一張唱片；十五歲，她上了『群星會』節目；二十一歲，她開始在日本走紅，一九八六年創下日本三連霸。她的歌聲更陶醉了全中國十二億人口。現在就讓我們以熱烈掌聲歡迎這位國際巨星——鄧麗君小姐。」

於是，響起如雷的掌聲。音樂響起，鄧麗君上場。

想想看，那場面多美、多轟動，大家的情緒又是多麼地激昂。

原因很簡單——你把群眾的情緒，一步一步地帶到高潮。

相反地，如果你換成主持選美會的方式，一開始就說「現在介紹鄧麗君小姐出場」，那感覺會好嗎？

而且就算有熱烈的掌聲，你後面繼續介紹鄧麗君的話，又有人能聽得到嗎？

當你的介紹詞和群眾的反應抵觸，有些人想靜下來聽你說什麼，有些人又要鼓掌，那掌聲能「如雷貫耳」嗎？那氣勢能不減弱嗎？

當你主持會議的時候

或許你要講，「我又不主持節目，哪需要學這種說話的技巧。」

那麼我問你，你可不可能在公司會議中介紹人，或主持同學會呢？

你是不是也能在同學會裡說：

「有位小姐，曾經是我們班上男生夢寐以求的對象，可惜，她早早就出了國，還做了博士夫人，有了兩個寶貝兒子，你們猜，這位貴賓是誰？她就是王瑪麗！」

於是原本躲在後面的老同學王瑪麗走出來，不是很令大家驚喜嗎？

當你主持節目的時候

會介紹人和不會介紹人的效果，是差得很多的。

會用這種方法介紹的，他知道怎樣不疾不徐、不多不少地引導大家的思想。他不會露出太明顯的口風，不會在介紹鄧麗君時早早提到日本歌〈空港〉和中文歌〈小城故事〉，因為一提，大家就「弄清楚了」，場面就譁然了。

所以許多歌星演員，上節目，一定要挑主持人。他們平常也得拍著主持人，因為主持人一兩句的差異，就能造成全然不同的感覺。

當你演講的時候

本章最後，讓我把同樣的技巧，用在演講裡，給你舉個精采的例子——

有一個人，看來很衰，他有四個孩子，但是早死了三個；他二十一歲的時候經商失敗；二十二歲競選州議員又失敗；二十六歲失戀，差點死掉；二十七歲那年精神崩潰；三十四歲，他競選眾議員失敗，再選，又失敗。四十五歲他改選參議員，還是敗北。直到五十二歲，他終於成功了。他成為美國的第十六任總統，他是誰？

他是亞伯拉罕．林肯！

＊

這段話多有魅力！

它的魅力在哪裡？

在它一步一步釋放資料，費你猜、讓你想，最後「光華四射」地呈現「謎底」。

同樣一段話，位置前後不同，效果完全不一樣。

把話說到心窩裡，就要這樣的技術。

第七章　誰是老交情

平時少開口，偶然開口，開口成金。
總是打哈哈，又打哈哈，哈哈了事。

「門前清、門前清！」老曹說完，先一乾而盡，清了自己的杯子。又揚著眉，盯著老丁的杯子：「喂喂喂！別辜負我的好酒喔！」伸手指指：「清了、清了！怕什麼嘛？你是老闆，又有張助理開車。」站起身：「順便拜託一句，我有個姪子叫曹師成最近考你們公司，如果可能，照顧照顧。」

＊

「真對他沒辦法。」丁總上車，一邊回頭跟老曹揮手，一邊對小張說：「也幸虧今天你陪我來，不然滿臉通紅怎麼回去？」

「還好啦！不紅不紅！」

「不紅不紅，讓下頭人聞到一身酒氣，也不像話啊！」拍了一下小張：「今天下午的訪客都給我擋著，等我酒氣過了，再進來。」

「是是是！」

＊

才說完「是」，回公司沒十分鐘，小張就進來了：

「報告總經理，有位文教授打電話來，我本來要給您擋了，可是他說是您高中同學，有急事，您看怎麼辦？要不要接？」小張小心翼翼地說：「我是跟他說了，您正在開會。」

「文教授？高中同學……」抬起頭：「是不是文小杭啊？姓文的人不多……我想……我想，你接過來給我吧！」

電話接通了。

「文小杭啊！」丁總開門見山地問：「哇！真是你啊！了不得！了不得，多少年不見啊？你怎麼找到我的？十分鐘？沒問題，我等你，多忙也得和你這老同學見個面啊！」

＊

沒多久，文教授就到了，丁總破例，跑到會客室外面迎接，又摟著肩，帶文小杭進去。

「小杭、小杭，都老杭了！」文小杭坐下來：「老同學裡，你最成功。」

「哪裡話！老同學怎麼這麼說？我也聽說你在教育圈的成就，一直想和你聯絡。」

「其實我早知道你在這兒做老闆，但是，不好意思打擾。」

「笑話！」狠狠拍了一下小杭：「有什麼事，我能效勞嗎？」

聳聳肩，文小杭等了幾秒鐘：「實在不好意思開口，無事不登三寶殿，是為了我兒子，他最近來考你們公司，據說你們只取一個，我來試探、試探，是不是……」

「啊！姓文，對了，我是見過個姓文的資料，叫文……文什麼？」

「文達。」

「對、對、對！不求聞達於諸侯。」老丁笑道：「當然你的文不一樣，我以後就叫他小文吧！」

兩個人都笑了。

這時小張端茶進來，文小杭卻看看錶：「不行，說十分鐘，不能耽擱你太久，我得告辭了。」

「欸！你這老同學，怎麼才來就走呢？」

「說實在，我下頭有博士班學生口試，失禮失禮，改天再聚吧！」

說完，文小杭站起身，拱拱手，走了。

*

「把前天面試的資料拿來給我。」丁總送出老同學，對小張說。

資料立刻送上來。

「果然有個文達。」丁總翻翻資料：「成績不錯，長得跟他老子還真像。」又翻翻另一份，是曹師成的，笑笑：「曹師成跟他叔叔長得也有點像。」拿起筆，在文達的資料上簽了字：

「通知文達，他錄取了。」

小張嚇一跳：「您中午不是跟曹先生說會照顧他姪子嗎？」

「我沒說一定啊！」丁總笑笑：「哎呀！老曹，一天到晚在一塊，不是他請，就是我請，賣面子，機會多得是。我這老同學，專程來，又是為他兒子，我能不幫嗎？」

有話好說

看這故事，你會不會覺得有點詫異？

老曹中午才請丁總吃飯，同時拜託丁總「照顧」他的姪子。丁總也幾乎答應了，為什麼半途竄出一個好久不見的文教授，丁總就變了呢？

難道常碰面的老曹，反不如「無事不登三寶殿」的文教授嗎？

如果你這麼想，就錯了。

要知道，見面三分情，並不代表常見面就三十分情。人的情好比種花，你把好幾株花種在一個盆子裡，花是美，但是每棵都長得不夠好。

相反地，如果你一盆只種一株花，那花則長得特別茂盛。

一群酒肉朋友，天天在一起喝酒吃肉、扯淡聊天，你拜託我一下，我拜託你一下，你以為每個人都把對方的事當作「大事」來辦嗎？

錯了！天天見面的朋友，拜託的「話」，反而嫌「淡」。因為你今天拜託一件，明天拜託一件，那「拜託」的力量已經弱得不能再弱。

被拜託的人難免想：

「哎呀！三天兩頭有事，今天不辦，改天還可以幫他忙。」

於是，這種酒肉朋友的事，往往變成最能拖的事。

君子之交淡如水，朋友之託重如金

從另一個角度想，一個八百年不見，過去卻有交情的朋友，今天突然和你約時間造訪，而且說明來意，他拜託的話，味道可就「濃」了。

他是真來「拜訪」你，「託付」你。拜託這一次之前，他從來沒求過你任何事。今天拜託你之後，他也可能不會再來求你，你說，你能不「優先處理」嗎？

再舉個狠一點的例子——

一個坐在餐桌前和一個睡在臨終病榻上，拜託你同樣一件事的人，你會重視對誰的承諾？

坐在餐桌前的人，你不幫忙，改天他能過來罵你；死掉的人，你不幫忙，他沒辦法找你算帳，按說你會賣前者的面子才對。

問題是，你為什麼把後者的請託，當做最有分量的請託呢？

道理很簡單，因為他的話是「生死與之」，因為他的話「只此一次」，因為他的話「絕對真誠」。

這就進入我們今天要討論的主題——語言的真誠。

直銷布道大會

如果你希望把話說到心窩裡，最重要的一點就是「真誠」。

你參加過直銷公司的大會嗎？

假使你不小心踏入那裡，很可能誤以為是進入「宗教布道大會」的會場。臺上有主講者講他們的產品有多麼特殊、神奇，或是由╳╳博士精心研究，或是由某人帶出的「清宮祕方」，或是使用特殊過程煉製。總之，那是天下獨一無二的「神」品。

接著有一批又一批的人上臺做見證。

有人說他使用了產品之後如何得到新生命。

有人說他原來已經窮愁潦倒，如何由直銷再出發，如今已經擁有華宅美眷，美眷也是他的直銷「下線」。

然後大家一起唱歌、一起歡呼，一起歡迎新夥伴的加入，大家一起走向美好的未來，一起把這美好的產品和信息帶給普天下的人。

你說，這不就像宗教的布道大會嗎？

群眾催眠的作用

為什麼直銷業者常要辦這種大會？

一方面他們為了介紹產品，拉新的夥伴進入「組織網」，一方面他們需要這樣的氣氛。因為那種「群眾催眠」的作用，能使他們說出去的話更感人、更有力量。

想想，做直銷的人最愛講的一句話是什麼？

是「好東西與好朋友一起分享！」

他們為什麼不說賣東西給你，而說是「告訴你偉大產品的消息，使你得救」？

他們吃飯吃一半，會叫侍者送白開水來，當面沖「減肥茶」，吞養生藥片給你看；他們一邊吞，一邊臉上散出光彩。當他們向你「推介產品」的時候，是那麼熱情、激動，為什麼？

因為一個好的直銷工作者，他是真相信他的產品的。

因為他已經接受過集體催眠，他已經看過那麼多見證。

他信，信他自己！信他的產品！信他說的話。他沒有要賺你的錢，即使賺，也是希望拉你進去，一起傳布美好的信息，一起賺！

自己給自己催眠

如果你希望成為演講家、布道家、政治家、社運推動者，或是做個有說服力的人，你都得學習那種說話的真誠，你甚至應該學習「自我催眠」。

二〇〇〇年四月一號，參加世界溜冰錦標賽的關穎珊，由原本的第三名，居然在決賽做出超完美的演出，一躍成為冠軍。

她事後怎麼說？

她說她在比賽前不斷告訴自己：「I can make it!」而在比賽中，她則不斷告訴自己「我能有這樣大的耐力和體力。」於是，她果然表現出異常的體力，做出「三轉跳」加「三轉跳」。

自己告訴自己：「我能辦得到！」

自己告訴自己：「我比別人強！」

自己告訴自己：「我說的都是真理，是無可置疑的。」

這些都是自我催眠。

相反地，你想想，如果你上臺之前先怯場，對自己說的一點都沒把握，甚至完全不相信自己講的那一套。

你自己都不信，怎麼叫別人信呢？

不撒不必要的謊

把話說到心窩裡，你也要誠實。

天哪！談到誠實，有誰能說話百分之百誠實？

不錯，你可以不夠百分之百誠實，但是你可以百分之百不撒謊。

我有個朋友說得好——「當我今天往西邊去，而你問我往哪裡去了，我如果不願意告訴你我去了西邊，最起碼我可以說我沒有去北邊，也沒有去東邊。」

這就是一種說話的技巧。

有人問你的新房子是多少錢買的，你不願意告訴他確實的數字，又不願撒謊，最起碼你可以講「比我賣的那棟貴多了」，或「不到兩千萬」。

你何必說：「哦！花了兩千萬。」

改天人家知道你只花了一千五百萬，多尷尬！

誠實是最保險的說話方法

不說假話，也是最保險的說話方法。

剛才那買房子的人，如果夫妻都不說假話，在不同場合，有人分別問丈夫和太太，多少錢買的房子。

一個答「不到兩千萬」一個答「比我們原來住的房子貴」，他們的話可能穿幫嗎？又可能彼此矛盾嗎？

知道了這個道理，如果有人打電話給你老闆，老闆又不希望見那個人時。

你最好的答法是：「對不起，他現在不方便接聽。」

你也可以說：「對不起，現在他不在。」

但是你千萬別說：「對不起，他出國了。」

想想，如果對方是在樓下打的電話，才打完，人就上來了，看到你老闆，你要怎麼解釋？

說你老闆剛坐「光速機」由國外回到辦公室嗎？

說他不在，你永遠可以講「老闆剛才確實不在，他出去了一下下。（管他去了哪裡，總之不在辦公室。）」

說他「不方便接聽電話」，更是四平八穩，你又何必賣弄小聰明、畫蛇添足，說「老闆出國」或「下南部」、「上北部」了呢？

記住：能不撒謊，絕不撒謊，說話才能不矛盾，也才比較真誠。

尊重我也尊重你

十幾年前，一批來自臺北的朋友，到紐約曼哈頓去看現代舞表演。

那是一個很小的舞臺，圓形的，四周圍著座椅。

因為舞臺不高，座位又靠近，所以這些坐在第一排的朋友，就把腳搭在臺子上。

你知道發生了什麼事嗎？

那舞者，一上臺，先衝到臺邊，叫每個人把腳收回去。她說了一句很簡單的話：

「尊重我，也尊重你自己！」

我是說真的

會說話的人也一樣，你要讓對方先尊重你，他才會認真地聽你的話。你也要尊重對方，使他覺得你今天是真要對他「說一番話」。

如果你是父母，今天你要訓孩子。

你可以一邊炒菜一邊罵，也可以在餐桌上瞪起眼睛，講你的道理。你還可以晚上敲他的門，問：「孩子，我能不能進來，和你講幾句話。」

你甚至可以早早在他書桌上留個字條——「孩子，今天晚上九點，我會到你房間裡，跟你談談。」

你說！是不是一個比一個「重」？

你用什麼方法說的話會更有重量、更有力量？

我和你約定

尊重自己，最好的方法是先尊重對方。

當你能如本章一開頭故事中的文教授，先打電話約時間，而且說只用十分鐘，是不是表現了對丁總經理的尊重？

我只用十分鐘，表示我尊重你的時間，表示我會長話短說，更表示我有控制時間的能力，甚至表示，我也很忙，所以只用十分鐘。

但是，我親自到你辦公室。

因為，我有不能不親自對你說的事。

同樣的道理。當你的孩子看到你的字條，心裡會不會七上八下，猜「爸爸媽媽要跟我說什麼」？他到近九點的時候，會不準備好他的心情，等你進去，聽你說什麼話嗎？

那比你突然敲他的門，或一推而入的感覺不是好多了嗎？

最少，你尊重了他的時間、他的隱私。他也相對地得尊重你。

睡衣見客行不行？

尊重，不僅在言語上，也可以表現在服裝上。

你是位名士，平常不修邊幅，但是你的朋友死了，你去參加公祭，你如果穿上西裝，打起領帶，那些平常見慣你不修邊幅的朋友見到，對你只會有尊重，不會有揶揄，因為你尊重死者，也表示了你尊重自己。

又譬如，你有朋友到家裡來。

如果是老朋友，太熟太熟的同輩了，你可以先表示一聲歉意，請對方諒解你穿得隨意。於是你穿睡衣和他聊天，他也把一雙腳丫放在沙發上，和你瞎扯。

但是換作個不熟的朋友，你能如此嗎？

如果你還這樣，穿個睡衣招呼。就顯示了兩點：

第一，你大牌，沒把他放在眼裡。

第二，你隨便，不成體統。

你是不尊重他，也不「自重」。

「穿衣服」和「穿香水」

現在，我要把話帶回前面〈馬克的凱旋夢〉裡曾經談過的求職時的服裝問題。

一個中年男人，資深的工作者，求職面試時，不必穿全新的西裝、全新的皮鞋，理全新的髮，免得人家覺得你嫩，或覺得你很急切地求取這個職位。

這是我在前面說過的，表示「說大人，則藐之」。

那時，我只提到男人求職。現在則要談談女人求職。

你知道西方人說搽香水不是用「搽」或「噴」、或「塗」，而是用什麼？

他們用「穿」這個字，說：「wear perfume」。

在西方社會，香水是「穿著」的一種。

一位女士，求職、上班，除了穿得體的衣服，還得「穿」香水，「穿」首飾。

但那香水不可以是濃郁的，那首飾不可以是搖來晃去的。那衣服不可以是暴露或「不容彎腰撿東西」的。

甚至有些辦公室，除了週末，不准女士穿長褲上班。

女人穿著的身體語言顯然和男人不同。

女人求職，無論她是「菜鳥」或「老鳥」，都可以穿全新的衣服，都一定要戴恰當的首飾，搽一點點香水。

那是什麼？那是身分、是禮貌。

女人和男人就是不一樣。

「士為知己者死，女為悅己者容。」男人可以穿七成新的衣服，表示我很自信，不必為了和你碰面而刻意「打扮自己」；女人則不同。女人要讓人知道她做了打扮，表示她有自信，她對自己的美麗有要求，也表示她對「別人眼睛」的尊重。

所以，「粗服亂頭不掩國色」固然沒錯。

但是，薄施脂粉，淡掃蛾眉的女人更有風韻。

你聽懂了嗎？

「我最怕到西餐館吃飯的時候，問侍者有哪些甜點了。」有一次，我對美國朋友說：「因為我常聽不懂。」

他一笑：「不要說你了，我們也怕，我們也常聽不懂，只好用猜的。」

為什麼會這樣？

因為那侍者一年三百六十五天，恐怕有三百天都在報同樣的甜點名稱，報到最後，那些名稱在他心裡已經成為一團了，於是從頭到尾不加標點，呼嚕一下子，全報了出來。

你確實沒聽懂。但是他認為你聽懂了，因為他早背得滾瓜爛熟。

自己懂，別人不懂，是許多人說話的毛病。

言要由衷

有人說笑話，剛開口，講兩句，自己先笑得前仰後合，接不上氣。

有人說悲慘的事，沒說兩句，先哭了，抽抽搐搐地無法說下去。
有人給你寫信，寫你的地址一筆也不含糊，寫他自己的地址卻龍飛鳳舞，使你無法辨認。
有餐館侍者為你唱生日快樂歌，可是一邊唱，一邊眼睛看著天花板，唱得有氣無力。
有空中小姐做「穿救生衣」示範，但是像打太極拳，還不好好打，動作都做一半，就不見了。
這些都是什麼原因？
都是他的「內情」無法「外達」，他的「詞不能達意」，以及由於太常做、太常說而沒有了情。

請別太肉麻

我們常說人「理直氣壯」，又形容人「文情並茂」。「理」和「氣」；「文」和「情」，是必須同時呈現的。
問題是許多人明明有理、有情，卻不能和他的「語言」同步。
第一點，是他自己的情太多，卻沒等到對方的情緒跟上來，而一直宣洩。
舉個例子，我們聽人「詩歌朗誦」，常會覺得渾身起雞皮疙瘩。為什麼？因為你覺得肉麻。

但是，你問那朗誦的人，他自己覺得肉麻嗎？

他搖頭。

了解了這一點，當你對人形容你家天才的兒女，或天才的小貓、小狗的時候，一定要知道，你自己遠比對方進入情況。你要他感同身受，一定得慢慢來，才不致讓他受不了。

你要向別人推銷東西的時候，也別把那已經說了幾千遍的詞，一大串「流」出來，而要看著對方，看他進入上一句的情況之後，才說下一句。

說話要「入戲」

如果你是演講家或舞臺劇的演員，就更要小心了。

即使你講那個題目、演那場戲，已經幾百場，你仍然在心裡要不斷告訴自己：「這些臺下的人，都是第一次聽我講。這是我的第N次，卻是他們的第一次。」

於是你「入情」、「入戲」，使情感和你說出的每一句話都結合在一起。

於是，你使他們感動，使他們共鳴。

於是，你成功了！

第八章　無恥老頭的陰謀

Mission Impossible

不可能的任務。

你辦成了，是我叫你辦的；

你辦垮了，此事與我無關。

「原來如此，這個無恥老頭！」小邱把小梅的手一摔，走到一邊，狠狠地罵：「怪不得他要你給他兒子補習，要你幫他整理資料，還要你幫他放幻燈片，現在我全懂了，你說、你說！你和他怎麼樣了？」

「沒有怎麼樣嘛！」小梅摀著臉哭了起來：「有怎麼樣我也就不會向你說了。說了，就是沒怎樣，他能把我怎麼樣？」

「可是，你不是說從去年上學期開始，他就追你嗎？那時候我們還沒在一起，那時候有沒有發生什麼事？」

「沒有啦、沒有啦！」

小邱的氣還是沒消：「我現在懂了，怪不得這一年來，那個無恥老頭對我這麼凶，原來我成了他的情敵。」

「你不要說得那麼難聽好不好？」小梅一跺腳，哭得更大聲了：「什麼情敵不情敵，我說了嘛，沒怎麼樣！」

她把「沒怎麼樣」四個字喊得特別響，女生宿舍裡好幾個人探出頭來。

＊

「聽說你和小梅吵架了？」

居然第二天就有人聽說，而且不是別人，是那無恥老頭的祕書周小姐，周講師。

周小姐一邊影印，一邊裝作沒事似地說：「小邱啊！做人學聰明點，你馬上畢業了，畢業分發還得主任批，你希望分到哪兒去？小邱啊！女孩子多的是，主任已經決定把小梅留下來當助教，過兩年她就升講師，你何必擋她的前途呢？」笑笑：「而且，你也得考慮自己的前途啊！」

＊

「真他媽的賤女人！」小邱罵：「早聽說姓周的和無恥老頭有一腿，現在搞清楚了，她當年是怎麼被提拔的。無恥老頭最好放聰明一點，小心我把他捅出來！」

「捅？你怎麼捅？」小梅問：「你有什麼證據？你小心他把你分到外島去。」

「分到外島？」小邱笑了：「以我的成績，以我當系代表的資歷，他把我分外島？好極了！他分哪！」上牙咬著下唇，想了想：「對！你改天就建議他把我分到外島去，然後我們四處去放消息，說主任視我為眼中釘，會把我分到外島。」

小梅眼睛瞪得好大：「為什麼？為什麼？你真要離開我？真要去外島？」

「笑話！我不是要去外島，是要留在你的身邊！」放小聲，在小梅耳朵旁邊說：「……」

＊

才幾天時間，半個學院的人都知道了，小邱得罪了主任，主任要把他分到外島去。

當然，還附帶了一些小道消息。誰看不出來，主任一天到晚找小梅？誰又看不出來，主任看小邱的眼神。

只有主任不知道這些風風雨雨，這也難怪，因為當事人總是最沒耳朵的人。

畢業前，分發名單公布，小邱果然被分到了外島。

大家都怔住了，沒想到真會這樣。小邱卻笑了。因為大家的錯愕，就是他的利器。

＊

名單公布的第二天，校長就把主任找了去。

「我早聽說你和那個女學生小梅的事，還不信。後來大家傳，你堵她的男朋友，那個系代表小邱，我還想，不可能！」校長把分發名單遞給主任：「你說吧！小邱是臺北人，成績又是第一名，你憑什麼把他分那麼遠？是為了你方便嗎？你說！」

「是這學生自己要去的。」主任說。

「笑話！」

「是真的！他託小梅向我說的。」主任急得直冒汗。

「也是他託小梅去找媒體囉！」校長霍地站起來：「你知道我一早接到多少電話嗎？」

＊

分發名單從布告欄消失了，隔一下，又貼出來，小邱，天哪！小邱居然被留校，做了助教。

小梅則換下來，到附近一所著名的女校。

「是我搞錯了。」周講師一邊貼，一邊對著圍觀的學生說：「當時主任把小邱的資料放在一邊，我以為是分到外島，其實是留在系裡。」

「哇！小邱完了，留在眼中釘的旁邊。」有人促狹地說。

「不會啦！」周講師轉過身，搓搓手又攤攤手，笑道：「主任今天中午已經請辭了。」

有話好說

好！故事說完了。

你猜我在這一章要談的是什麼？

是說話的特殊技巧——放話。

放話，說得簡單一點，是「把話放下來」，或者「把話放出去」。說得通俗一點，是「狠話先說」或者「給你一點暗示」。

當然，放話的學問大了，還是讓我分析給你聽吧！

先小人，後君子

中國人常說「先小人，後君子」，意思是把醜話說在前面，大家搞清楚條件，免得以後面子不好看。

最基本的「放話」就是警告。

「小心點，如果你追他女朋友，他找人揍你。」

這是多清楚的放話！這話可以由你自己當面說，也可以像前面故事中，由周祕書去說——

「小邱啊！你也得考慮自己的前途啊！」

如果自己說，這放話是最簡單的。但要是經過別人，那放話就妙用無窮了。

譬如：

你協力廠商的祕書正和你的祕書通電話，他的祕書說要漲你的價。

他是在放話，怕你「一下子毛了」，不敢自己說，於是透過他祕書，探探你的口風。

你要是裝不知道，他就真漲了。

當你發現這漲價不合理的時候，你能不立刻反應嗎？

於是，你可以在祕書旁邊，當場就冒火：「去他的，漲，可以啊！我們換廠。」

你的聲音要大到讓對方聽見。

你也可以叫祕書再打個電話去給對方的祕書，婉轉地說：「我偷偷向老大暗示了一下，他好像很不高興，你最好向你們老闆反應一下，別弄僵了。要漲，隔一陣子再說吧！何況最近不少別的工廠來搶你們生意呢！」

這間接放話是不是很棒？

因為是「間接交兵」、「互探虛實」，所以能不傷情面。

我沒要他說啊！

談到不傷情面。間接放話還有一個好處，就是你可以不認帳。

舉個例子，你想把某個重要的幹部外調到他不喜歡的單位。

你先要祕書閒談間把消息「漏」出去，然後靜觀「對方」的反應。

他果然毛了，找上門來。

你不願得罪他，可以說「我沒說過啊！」還可以大叫：「誰說的，把那人找出來！我怎麼可能把你這麼重要的夥伴調出去呢？」

你甚至可以把祕書當面叫來臭罵一頓：「是不是你出去胡說八道？」

問題是，話已經放了，對方也可能警覺到，他是不是有令你不滿意的地方？他是不是該自己捲鋪蓋，免得死得很難堪？他是不是需要努力改進了？他是不是該請他太太去「拜訪」你太太了？

放話，棒不棒？

不准露毛

放話也可能是「明明白白地說出底線」。

譬如：

某舞蹈團要來國內演出，那是由一家非常有分量的團體邀請，有一大群國內的藝文界支持。聽說那舞蹈當中將有一段全裸的演出，偏偏那又是你所代表的「官方」所不准許的。

你是應該先說，還是後說？

你是先不吭氣，等藝文界大加吹捧，票也賣光了之後，再說？還是等「全裸」出現，當現行犯逮捕？又或是，你等他演完了，再罰錢？

如果你聰明，最好在他們舞蹈團還沒登陸，甚至還沒開始賣票的時候就「放話」。你可以安排個記者會，再「安排」一位記者問「對某舞蹈團來公演的看法」。

於是你氣定神閒地答：「只要他們遵守我國的法律，我們絕對歡迎。但是，如果他們以為可以遊走法律邊緣，我們一定不手軟。」

醜話早說，免得將來翻臉，也免得他成了氣候。到頭來，你不得不讓步。

醜話先說

當然，放話更常用在政治外交當中。

譬如某國元首將來訪，你是接待國的元首，在他來的前一天，先舉行記者會，或找個場合演講，把「對對方的歡迎之意」、「對高峰會議的憧憬」以及「對本國民眾承諾，在談判中堅守的底線」，全說出來。

你為什麼說，是說給誰聽？

除了說給你自己的人民，你是「放話」給對方聽啊！

你這種放話最狠。

因為他已經要上飛機了，他本國民眾已經在盼望他帶回美好的果實了，他是箭在弦上，不得不發了。

這時候，他聽到你的演講，有不令他滿意的，他能喊煞車嗎？

多半的時候，他硬著頭皮來了。而在來之前，他已經知道了你談判的底線，他知道你對自己民眾公開說出了底線，他再不識趣，也不能給你難堪。

於是，大家各退一步，找可談的談，不是比上了談判桌，才發現互不相讓，不歡而散，好得多嗎？

我早猜到他會這樣

放話，更重要的功能是「卡位」，把對方的位子先卡死。

競選當中，你怕對手「邀請你」未來投入他的陣營，給你最高的職位，造成人民的「棄保效應」。

於是，你早早就說「投票前，他們會找我，邀我入閣，請大家別上當。」

他原先真有此意，認為是一著絕妙好棋，你這一說，他就使不出來了。

你也可以像前面故事中小邱在校園裡放話——「主任追小邱女朋友，給小梅性騷擾，他為了排除小邱這個眼中釘，會把小邱分發到外島實習。」

消息出去了，耳語傳開了，內容似乎是真的，實在不公平，也實在不好聽，那主任還敢這麼做嗎？他做了，自己能不倒楣嗎？

虛晃一招之後總有狠狠一擊

練武術，講究「虛中有實，實中有虛，虛實相濟」。

放話也是如此。他出虛招，你也出虛招，看來兩邊好像談笑風生，實際在暗中較勁。在這兒我必須提醒年輕朋友！假使你是個社會新鮮人，千萬別忽略人家放的話。

他放話，看來是虛，你沒反應，他的虛就成了實。

他放話，要別人來說，只要你有實力，或掌握他的弱點，就應該立即反應，把話「放回去」。結果，他軟了，說他沒講過那些話。你也可以讓一步說：「我反應的不是那個意思。」

於是，好像一場誤會。他沒輸，你贏了！

主將絕不對副手

如果你是政治人物，更要注意對方副手的放話。

他用副手，狠狠地放過來，你一定要用副手狠狠地放回去。因為是副手，話可以放過火一點，你在後面，只要不吭氣，就表示認可。

相反地，只要對方軟化，罵他的副手，你也可以出來澄清，罵你的副手。

記住！政治圈的放話之戰，絕不能以你自己的「主將」，對敵人的「副將」，更不可親自出馬，迎戰別人的副手。

否則，剛交手，因為身分不同，你已經輸了。

輸在哪裡？

輸在你顯示「手下沒人」，以及你的毛躁。

*

對不起！這一章太毒了。但那是社會中常用的說話方法，我不能不寫。

你可以不用，但不能不懂啊！

第九章　五場誤會

人堆裡有人放屁。
只可偷偷猜想，不必開口詢問；
只可默默享用，不必追查元凶。

一、中國人不生病

一群中國人和一群美國人參加旅行團，一路上大家有說有笑，好極了。

「改天我們一起去西藏。」一個老美說：「那是我沒去過的地方。」

「好極了，」中國人說：「我們做嚮導。」

「有當地人做嚮導真是太棒了。」老美又說：「我上次去印度，就有印度朋友做陪。結果一群人全病了，上吐下瀉，只有那印度朋友沒病，由他照顧我們。」

「真的啊！」

「是啊！你知道印度有多髒嗎？我們只喝罐裝的可樂，吃煮熟的食物，小心再小心，只因為用旅館的自來水刷牙漱口，就都病了。」美國人笑笑：「不過，說不定你們中國人去，不會生病。」

中國人全愣了一下，然後有一個很不高興地問：

「喂！你這話是什麼意思？」

二、黑狗最補

在美國大學的餐廳，白皮膚、黃皮膚、黑皮膚的學生坐在一起吃飯。

「我吃過野兔肉。」一個白人學生說：「好吃極了！」

「我吃過大雁，我自己打的，真棒！」一個黑人學生說。

「那都不稀奇！我吃過狗肉。」黃皮膚的學生笑道。

整個餐廳都突然安靜了下來，好幾個女生做出要嘔吐的樣子。

「一黑二黃三花四白！」黃皮膚的學生繼續說：「最好吃的是黑狗。黑狗最補！」

餐廳裡幾個黑人學生都站起來，扭頭，轉身，走了出去。

三、嫌棄不嫌棄

丈夫失業許久，幸虧太太有工作，撐著家。

這一天，丈夫出去謀職，又敗興而返，進門，坐在椅子上生悶氣。

「沒關係！慢慢找嘛！你不要急。」太太過去安慰丈夫：「我不會嫌棄你的！」

「你不會嫌棄？」丈夫問。

「是啊！你看我嫌棄你了嗎？」
「你這麼說，就是在嫌棄我！」丈夫吼道。

四、何必再約

「喂！老王在不在？」
「他不在。」祕書問：「您是哪一位？」
「我是老李啊！」
「哦！李先生，我見過您。您有什麼指教，我幫您轉達。」
「老王什麼時候回來？我要自己跟他說。」
「您不是前天才和他碰過面的嗎？」
對方突然毛了起來，放大聲音：「碰過面就不能再碰了嗎？你家王老闆這麼大牌嗎？」

五、來不及了

幾個同事一起用餐。

興高采烈地吃完飯，侍者端上咖啡。

「等一下！」一位小姐把轉身離開的侍者叫住：「我要代糖（即低糖）。」

侍者很快地遞上，笑道：「對不起！小姐，我怎麼看，您都那麼苗條，不需要用代糖。」

「笑話！減肥要早早開始啊！」小姐得意地說：「難道等我痴肥了，再減！那就來不及了。」

侍者笑笑離開了，走一半，又折回，問桌上一位胖小姐：「對不起！我忘記問您要不要代糖。」

胖小姐臉色本來已經不怎麼好，聽她一問，更火了：

「不用了！我已經來不及了！」

有話好說

看完前面的幾個故事，請問，是那些人「說錯了」？還是聽話的人「聽擰了」？

說話的人沒有一點惡意，卻可能得罪了人，而且把場面弄得非常尷尬。道理很簡單——

「言者無心，聽者有意。」

他不是你

人很奇妙。由於成長背景不同，一樣的句子、一樣的動作，能引起完全不同的反應。

有些民族，你用左手為他遞食物，他會覺得受辱，因為他們習慣「右手抓飯、左手擦屁股」。

有些民族，你在蹺二郎腿的時候，把腳心朝著他，他會立刻跟你翻臉。因為他們覺得那是大不敬，表示你把他踩在腳下。

同樣的一句話，你說「紅色」。某甲和某乙，心裡想的紅色絕不可能相同。同樣一套「黑色帶一點藍」的西裝，你說那是「黑色」，別人很可能講那是「藍色」。

了解這一點，你說話能不小心嗎？問題是，人人不一樣，你該怎麼小心？

我想，最少有以下幾個原則可以遵守。

一、無法改變事實的話不說

「哎呀！先生，您要是早點護髮就好了，就不會禿成這樣子了。」

「哎呀！小姐，你這麼漂亮，要是皮膚再長得白一點就好了。」

「這件衣服真適合你，只可惜你矮了一點，你要是再高兩吋，就棒透了！」這種話，你可能常聽到。問題是，言者無心，聽著能不有意嗎？只怕要一百個不是滋味。你明知道我頭髮長不回去，天生黑皮膚，本來就這麼高，你又何必說呢？你說，有什麼用？你能改變事實嗎？

哪些事實難改變？

種族難改變，性別難改變，年齡難改變，身高難改變，甚至宗教和政治傾向也不容易改變。

所以在西方社會大家都知道聊天時，最好別碰這些問題。看看，大選期間，為什麼許多夫妻為了支持對象不同而反目？你細細觀察，平常那丈夫很體貼，太太很溫柔，怎麼會一碰到選舉，就各戴各的帽子，各搖各的旗子，傍晚各自出門、分道揚鑣，參加「造勢大會」。

因為人就這麼妙，在政治和宗教傾向上，只要屬於「信仰」，就難以妥協。碰上難以妥協的，好說話的也變得難說話，小綿羊也能變成大老虎。

不能改變卻能談

相反的，有些東西看來不能改變，卻能談。

譬如一個人有了白頭髮，美髮師可以說——

「太太，您可能太操心了，最近出來一些白頭髮！」

「是啊，老啦！怎麼辦！」

「這有什麼稀奇，染染就成了嘛！這年頭，誰不染？」

她八成就聽你的，染了髮，而且一染一輩子，讓你賺一輩子。

*

又譬如一個女人胖，平時不容許別人說她。但是她去護膚的時候，卻聽得進一些話。

「小姐！其實你身上的脂肪不是永久脂肪。」

「永久脂肪？」

「永久脂肪就是已經長固定了，拿不掉的。你身上的脂肪拿得掉。」

「怎麼拿？」

「哎呀！您只要每個禮拜來三次，我給您用最新的產品，慢慢推，就可以把它推不見。」

你說，她會不會心動？

＊

再譬如看相、算命。

「麻煩哪！」

「什麼麻煩？大師，您直言，沒關係！」

「我看你夫妻的關係，這兩年怕是會……」

「會有變化？有危機？」

「嗯……不一定是外遇，也可能屬於健康的問題。」

「健康，您是說我先生，他最近確實老喊累，怎麼辦、怎麼辦？」

「其實命也不是不能改，你只要……」

於是，如此這般，要你纏紅繩、做功德、燒香獻財、更改姓名，一大堆「改命」的方法全出來了。

多少人就因此上了大當，吃了大虧。

一線希望，十分代價

看看以上那些例子，都是既成的事實，為什麼不但可以碰，而且一碰對方就上鉤呢？

道理很簡單——

因為他還有一分希望。人們常在絕望時，為那剩下的「一線希望」付出最高的代價。最會說話的人，永遠是最能給人希望的人。

某人得了絕症，醫生說他不久人世了，他的家人也說只是時間早晚的問題了。你卻不一樣！你一見他就說：「我不信你會死，老天爺不會虧待你，我有第六感，保證你的病會好。你要不要跟我打賭？」

你說，他會不會喜歡你？

就算他明明知道你「巧言令色」在騙他，他還是會希望見到你。

因為你給他一線希望。

即使到了那一天，他要斷氣了，你去看他，他還可能作出苦笑，對你吐出微弱的一句話：

「你賭輸了！」

你沒輸！你贏了他的心，甚至贏了他家人的心。

二、在讚美甲的同時千萬不可傷害乙

在本章一開頭的故事當中，多半「出問題」的原因，都因為說話的人用了「二分法」或「三分法」。

二分法的定義很簡單，就是你把「他」和「你」或「他」和「他」分開——

「他是胖子，你是瘦子。」

「我們是白人，你們是黃種人。」

但是二分法也可能是對比之下產生的。

例如：

你是老師，去看一群學生的畫展，其中有一個畫得極好，你在場上大加讚美，甚至寫了幅字送給他，由他得意地掛在畫展門口。

你是藝評家，也去看了那個畫展，也欣賞那一人，於是寫了藝評，專吹捧那一個畫家。

你是爸爸媽媽，當著眾多賓客，讚美自己孩子當中的一個。

你的老朋友原來當雜誌主編，現在升上去當老闆了，他的副手升上來當主編，你看那雜誌突然大有進步，於是打電話給老闆：「你現在的雜誌比以前編得好多了！」

以上，都是二分法，「你」這麼做，絕不可能討好。

你以為自己說了好聽話，討了一、兩個人的好，卻在同時得罪一堆人。

所以記住！讚美人雖然是最好的說話方法，但是千萬在讚美甲的同時不要傷害乙，否則必有人暗暗恨你。

三、會傷人自尊心的話不說

如果你看武俠小說，一定常會讀到這樣的情節——

「只怪我學藝不精，今天栽在你的手上。」打敗的人一拱手：「十年後，我們華山再見。」

你也可能見到——

「在威武鏢局王總鏢頭的金盆洗手大會上，突然來了不速之客。老鏢頭的幾個徒弟一一栽倒，最後，王總鏢頭不得不長袍一甩，親自上陣。」

在武俠小說裡，好像所有人的武功，都是日進一日。明年就比今年強，十年後就比今年棒，六十高壽的王總鏢頭，就一定是鏢局裡武功最高的人物。

問題是，他們都不會老嗎？

今天運動場上，哪個運動員不是年輕人？有幾個四十歲還能拿金牌的人？

給他翻身的機會

你再想想，如果你年紀輕輕，跟人打球，打輸了，你喜歡說什麼？

你會怪自己沒好好練、好久沒打了，生疏了，還是會說：「只怪我天賦太差」？

你當然說「學藝不精」、「技不如人」。

為什麼？因為你要面子，說「技不如人」，表示只要你回去練，還能扳回一城。

相對地，你贏了球，明明贏在體力好，你能對輸的人說：「只怪你的體力比我差」嗎？

除非他比你差太遠，自認不如你，否則他一定不痛快。

所以你不如說：「看起來我好像體力好一點，其實只怪你一開頭，太拚命，接太多險球，不然，我後來絕不可能贏。」

現在你應該了解：

武俠小說如果太強調年齡、體能、天賦，它就沒什麼好寫的了。只有當那千年仙果、武林祕笈、隱世宗師，能把文弱書生，一下子變成蓋世英豪的時候，你讀來才過癮啊！

男人的禁忌

知道了這一點，你也就該明白，為什麼男人都愛自誇床上功夫了得，絕不容別人「貶抑」半分。

因為那能力不是強力得來的。男人認為那是「神力」、「雄風」。

如果你跟他上床之後，笑他「雄風不振」，或「家具太小」，那是他無法改變的事實，你笑他就是侮辱他，他能不跟你翻臉嗎？

多少人，就因為說這麼一句話，送了命啊！

第十章　脫衣舞蹈家

既然准他上車，
就該讓他補票。

「還有誰沒到？」看幾桌客人坐得差不多了，老劉回頭問太太，突然腦際閃過一片陰影：「糟了！」放小聲：「忘了跟老三說，別帶那個女的來。」

「你說那個跳牛肉場的啊？不會吧！他們才認識。」

「才認識？」老劉一瞪眼：「哪回他不是把才認識的女人帶來？他要帶來，我非撞牆不可。」

「他不會好意思帶那個的，而且現在還沒到，說不定不來了！」

＊

「生日快樂！」突然從門外冒出一個人，正是老三，四周揮了揮手，回頭，從門後又拉出個女人，大聲說：

「給大家介紹一位舞蹈家，咪咪小姐！」

四桌客人的眼睛全亮了，是咪咪小姐那套綴滿亮片的長旗袍造成的。

「哎呀！糟糕。」劉太太暗叫一聲「不好」，拍拍丈夫：「你別急，我來應付，叫她坐最後一桌。」

「來！給我大哥拜壽！」老三居然拉著咪咪過來了，那女的也就歪著脖子，彎彎腰，嬌滴滴地叫了一聲：「劉大哥生日快樂！長命百歲！」又衝擋在前面的劉太太一彎腰：「這是大嫂吧！大嫂看起來真有福氣。」說完，一屁股居然就坐在原來劉太太的位子上。

老三也不懂事，轉身搬了把椅子過來：「來來來！大家挪挪位子，多擠一個，熱鬧！」

「後頭那桌還有兩個空位呢！」劉太太故意放大聲說：「沒關係，如果你們喜歡坐這桌，我就去坐那桌。」

原想著老三會知趣轉到那桌去，卻見那女的一笑：「謝謝大嫂了！大嫂真體貼。」

＊

這邊王委員的太太已經好奇地問咪咪：

「您是哪方面的舞蹈家啊？」

「這個嘛……」

「現代舞！」老劉接過話，坐回位子，看著咪咪小姐：「幸會幸會，久仰了，常聽老三提起您。」

「哎喲！老三還會提我啊？真的啊！」

正說一半，陳董事長夫人也開口了：

「您的現代舞是在哪兒學的？最近有沒有發表會呀？」

「你是問我？」咪咪轉過臉：「我跳舞是無師自通。」

「對！聽說咪咪小姐很有天分，」老劉瞪了老三一眼：「你們不就是在發表會上認識的嗎？」

「是啊，是啊！」老三還直發怔呢。

正好上菜，羅代表舉杯：

「來來來！敬壽星！」

尾桌的人也都過來敬酒，順便把站在旁邊的劉太太拉了過去。

*

一餐飯下來，劉太太雖然坐在最外面一桌，可一直豎著耳朵聽，而且是提心吊膽地聽，唯恐老劉翻了桌子。

可是她愈聽愈氣，只聽那咪咪嗲聲嗲氣地說她在大酒杯裡跳舞，老劉就鼓掌叫好：「有創意！有創意！」

那咪咪又說和大蟒蛇一起跳舞，老劉也喝采：

「蛇和美麗的女人常不可分，夏娃和蛇就是最好的例子。」

*

總算壽宴結束，賓客都散了。

「你這老混蛋！」劉太太把僵了的笑容收起來，頓著步子，直直地走向老劉：「你不是說要撞牆的嗎？我看哪，牆沒撞，倒撞上個狐狸精。」

老劉沒吭氣，臉色沉下來，變得鐵青：

「甭提了！我都快憋死了，今兒我過生日，那麼多有頭有臉的客人，我能怎麼樣？對老三吼，叫他帶著那個女人滾？我那樣做，不是讓大家下不了臺，自取其辱嗎？」

有話好說

別讓自己，也別讓大家下不了臺，就是這一章要討論的。

上一章，我說談話時最好少碰觸種族、膚色、性別、禿頭那些天生難改變的事，這一章則要談：「如何面對既成的事實」。

孔子說：「成事不說，遂事不諫，既往不咎。」意思是：「已經成了的事，就不要提了；已經做了的事，就不要去勸了；既然成為過去，就別再怪罪了！」

這句話看起來簡單，其實有著大智慧。一個沒有大智慧的人怎能看得開？一個沒有大智慧的人，又怎能忍得住？

遲了已經遲了

朋友和你約好打球，你在球場等了半天，球場是按時間算錢的，你的時間更寶貴，你急了，打手機，找到他，正在路上。

你是臭罵他一頓說「你這個不守時的混蛋」，還是既然知道他已趕在路上，就忍下氣，換個方式說：「不要急、不要急！別超速，我是怕你出事，你不到，我可以自己練習。」

如果採取前者，你是出了氣，他也可能急得心臟病發或出了車禍，但是有什麼用呢？他能飛來嗎？

相反地，假使你用後者，他則會感激你。

買了已經買了

你辦派對，朋友來，送你一瓶香水，你已經有好幾瓶一樣的東西，而且一瓶也沒用。

朋友又送你丈夫一瓶酒，偏偏你丈夫血壓高，不能喝酒。

你是當面坦白說：「哎呀！這香水我太多了，不用了！我先生也不喝酒，您送錯人了。」還是歡歡喜喜，叫好不止地收下？

你難道那麼不會做人嗎？你當然得採取後者。

人不可做絕，話不能說絕

你是名作家，報紙主編向你邀稿子。

你可以一句話回過去——

「對不起！我沒稿子，沒空寫。」

也可以說——

「謝謝您邀稿，我把這事記下來，一有靈感就動筆，當然只有好作品，我才敢奉上。」

還可以說——

「謝謝您，您一下子出這麼個題目，我還真難應付，您哪天截稿？讓我經營兩天，想想，如果寫出來了，一定在三天之內奉上。但是如果我沒奉上，千萬別等我，讓我下次再效勞吧！」

你用第一種方法，把人一下子堵回去，有什麼好處呢？記住：「Never say never.」。你絕不能說「絕不怎麼樣」。

人不可做絕，話不可說絕，連打仗都知道「圍師必闕」，給對方留個逃跑的退路，以免他做困獸之鬥。

你何不婉轉地留個小小的空間，給他個臺階下，再讓自己脫身呢？

話說回來，這樣何嘗不是給你自己留個空間？說不定你一轉身，有了靈感，或發現那刊物非常重要，不應錯過，於是「準時交件」。不是兩全其美嗎？

賊船已經上了

再舉個例子——

你坐計程車，原來看準一輛新車招手，偏偏半路殺出輛老爺車，吱一聲，停在你前面。

你不好意思扭頭，看那輛新車又開走了，只好「心不甘、情不願」地坐進去。

你是一路上生悶氣，左看不順眼、右看怨倒楣，還是「成事不說」，對司機笑道：「不錯，這一定是您自己的車！」

「你怎麼知道？」他以為你要罵他。

「不是自己的車絕不可能保養得這麼好，雖然不很新，但是感覺不錯。」

聽你這一說，他不是要打開話匣子，得意地說一堆嗎？

於是你也笑，他也開心。一路下來，不是比你生悶氣好多了嗎？

人不能走絕

再舉個更常見的例子——

你出國前幾天，去向長輩、朋友辭行。

「什麼時候走啊？」「幾點鐘的飛機啊？」「幾時回來啊？」

對方一定問一大堆。

你答了，他八成得客氣一番：「我要去送！」

如果你一去可能十年，甚或你年歲一大把，只怕永遠不回來了。你能直說嗎？

你說了，他非去機場不可。

他去了，又非做成和你「生離死別」的哀戚不可。

偏偏，你不希望大家去，更不喜歡那「送別」當「送終」的場面。你該怎麼說？

你可以說：「我還不一定走呢！國內事多，很可能延期。而且過兩天我還會經過這邊，可能再來看你。」

於是他送你到門口，千叮萬囑似地說：

「你可一定再來唷！咱們再多聚聚！」

除非你們交情很深，（如果真深交，你也就讓他去機場了。）八成出了門，你會覺得輕鬆；關上門，他也覺得輕鬆。

你看來像在作假，但你的假，正是為了免得他為難，免得你們雙方繼續作假啊！

已經如此，何必多說？

既往不咎、既往不究！

朋友小孩在你家跑，砸了你的瓷器，東西已經砸了，黏不回去了，就別多說，只問：「孩子平安嗎？有沒有傷到？」

朋友走入你的花園，把你的寶貝花給弄折了。折了已經折了，你何不撿起來送給他：「正好，這麼漂亮的花，我原來正想摘給你。」

媽媽燒飯，好好一道菜，居然做鹹了。她自己直喊鹹，你是附和著喊：「對呀，好鹹哪！怎麼搞的？」還是笑說：「其實只鹹一點點，味道還是很不錯的。」

你的好朋友，居然搶了你的女朋友，狹路相逢，他們兩個都有點尷尬，甚至怕你一拳過去。

你卻主動打招呼：「你們最近好嗎？好久不見，常聯絡嘛！」

智慧的忍耐

想想以上這些，難不難做？

難做！你要有大忍耐、好修養，才做得到。

但是再想想，真難做嗎？其實不難，你只要往另一個角度看，開口說那麼幾句話，就可以排除「低氣壓」，解除「大尷尬」，而且表現出你的風度，讓對方暗暗感念。

有智慧的你，能不學這種說話的技巧嗎？

第十一章　烏龍大餐

「感性」不等於「性感」，
「皮包」不等於「包皮」，
「劉公子」不等於「子公劉」。

「八點了，小管怎麼還沒到？」金主任看看錶：「舒小姐，麻煩你打個電話過去。搞不好，他忘了！」

舒小姐趕緊撥電話：「喂！」對面傳來個孩子的聲音。

「是小寶嗎？你爸爸出來了嗎？什麼？還沒出來，在廁所。那麼你媽媽在不在？什麼？你媽在灌腸？你媽怎麼啦？」舒小姐瞪大眼睛抬起頭，對一屋子人說：「掛了！」

「不得了了，小管的太太死了！」小陳叫了起來。

「不要胡說！」金主任沉聲罵。又問舒小姐：「我剛才聽你在電話裡說管太太在灌腸？」

「是啊！小管在廁所，大概是幫他太太灌腸，我正要問是什麼病，他孩子就把電話掛了。」

「大概你聽錯了。小陳！你再撥個電話過去，要是真有事，大家就立刻去幫忙。」

電話又撥通了。居然是管太太接的。

「咦！管太太您沒死，真好！」小陳高興地說：「剛才舒小姐打電話去，小寶說您在灌腸，哦！原來是灌香腸，我能不能跟小管說話？」摀著話筒對大家說：「小管還在廁所，他太太把電話拿進去。」接著轉臉對著話筒喊：「小管！你沒事吧！什麼，你肚子疼？沒關係。不是啦！我不是說你肚子痛沒關係，是說你晚點來沒關係，我們先吃。」

＊

「我們就先開動吧！」金主任叫大家入座，突然抬頭看舒小姐：「酒點了嗎？」

「八點二十，還沒九點。」舒小姐看看錶。

「我是說酒，點了沒有？」

「啊！」舒小姐觸電似地跳起來，叫服務生。

服務生立刻送來酒單。

金主任看了看，抬頭：「『五加皮』酒吧！」

服務生出去了。金主任又一拍手：「對了！點些下酒的小菜。舒小姐，勞駕你出去看看，他們那個滷雞屁股怎麼賣。」

就見舒小姐衝出門去，在走廊裡對著前檯喊：「小姐、小姐！你的雞屁股怎麼賣？」

「一盤兩百！」

＊

雞屁股立刻端上了，卻不見酒來。

等了半天，才見老闆氣喘吁吁地抬來兩箱啤酒，後面還跟了三個小姐，各放下一箱。

「誰點的啤酒？」金主任問。
「不是您點的嗎？」老闆看看單子：「小姐寫著『五箱啤酒』。」
「錯了！」金主任吼過去：「是五加皮酒！」
老闆連連抱歉地出去換酒了。突然電話響，大家彼此張望了一下：「說不定小管不來了。」
小陳過去接，是個女的。
「姓焦？」小陳說：「沒人姓焦。」
掛上電話，小陳聳聳肩：「找姓焦的。」
正說呢，電話又響，小陳再接起來：
「小姐！你打錯了，我們這兒沒人姓焦。是啊，我是在三三一，但是沒有姓焦的，您要找姓焦的，恐怕得去賓館。」
一屋子的人全笑了。

＊

就在這時候，小管蒼白著臉出現了。
「怎麼啦？肚子疼？」大家問。

「哎呀！也不是什麼大病，但是不早，治不好，治又麻煩。」

「什麼？」老金急著問：「不早點治，治不好。怎麼治又麻煩呢？是癌嗎？怕擴散嗎？」

「不不不！」小管揮揮手：「是膽結石啦，不早治，不好治，又麻煩。所以我最近決定動手術。」

*

晚宴結束了，服務生送來帳單：「對不起，誰管付帳？」

「舒姬英管！」老金指指舒小姐。

服務生怔了一下，問：「輸精管？」

正好電話響，小陳接起來，又是那位找錯的小姐。

「小姐！我們不姓焦。」小陳對著話筒喊：「我們有姓舒的、姓金的、姓管的，就是沒有姓焦的！有舒金管，但是不姓焦！」

有話好說

這不是「烏龍大餐」是什麼？從頭到尾都是「雞同鴨講」。

為什麼？因為「同音異義字」，因為「不完整句」，因為「搭錯線」，以及因為「文法上的錯誤」，這也正是本章要討論的主題。

一、小心「牡牛」變「母牛」

有一天我在臺北坐計程車，司機先生正在收聽宗教節目。聖樂悠揚，在音樂中有人朗誦讚美詩：

「耶穌啊！我來救你、我來救你！主啊！我來救你！」

那司機突然笑起來，看著後照鏡對我說：

「奇怪不奇怪？明明是耶穌，是救主，應該祂救人，為什麼這個人反而說他要去救耶穌呢？」

「大概因為他在念稿子吧！」我說：「稿子寫得太文，那個『就你』是將就的『就』，不是去救耶穌，是去『接近』耶穌。」

「接近就好了！何必說得那麼莫名其妙。」司機笑道：「要不是你說，我還真以為耶穌釘十字架，要他去救了。」

*

因為把文學上的詞句，用在日常交談當中，造成誤會，是常有的事。

譬如醫生對病人說：「你得的是濾過性病毒，病毒侵入腸胃，你要禁食。」

病人心想，醫生大概怕我最近沒胃口，吃得少，抵抗力不夠，所以要我「進食」，意思是多吃一點。

結果他回家大吃大喝，吃了就瀉，瀉了又吃，病不但沒好，還愈來愈嚴重。他豈知道醫生的意思是「禁食」——別吃東西。

*

譬如你告訴別人：

「今天有個大消息，王部長視事了。」

誰知道王部長是「逝世」，還是「視事」，你何不說白話一點：「王部長今天上任了！」

*

譬如，你要人給你送頭公牛來。

古文裡，公的是「牡（ㄇㄨˇ）」，母的是「牝（ㄆㄧㄣˋ）」，你明明可以說「請送頭公牛來」，偏偏要表現有學問，說「請送頭牡牛來」。

你能怪人家送來一頭「母牛」嗎？

*

譬如孩子們參加音樂比賽，你去評審，最後講評：

「今天參加比賽的小朋友，技巧都很純熟，只是詮釋不同，有些人的詮釋實在太差。」

結果小朋友回家報告父母：

「我輸了，評判老師說因為咱們家的權勢不如人。」

明天他家長找到學校，罵你把政治帶到比賽裡，評審不公平，你能怪那孩子傳話傳錯了嗎？

孩子不懂什麼是「詮釋」，你何不簡單一點說：「對樂曲的解釋和感覺不同」呢？

*

除了比較深的文詞，甚至在用「白話」的時候，因為情況不同，我們也得考慮對方會不會聽錯。

舉個例子——

「由於王先生阻擋，沒有人敢組黨。

由於王先生組黨，沒有人敢組黨。

由於王先生阻擋，沒有人敢阻擋。」

三個句子聽起來一樣，誰知道是「組黨」還是「阻擋」？

所以在說這種句子時，你最好多解釋一下。

二、小心「雞農」變成「雞」

剛才談的是當我們用文言文的時候，最好能把它翻成白話，免得別人聽錯。但是你知道嗎？許多人在這「翻譯」的過程裡，反而鬧了大笑話。

譬如記者播新聞，播到：

「今天上午十點鐘，兩百多位雞農，去美國領事館抗議，他們帶了三百多隻雞去，扔在領事館的門外。」

那記者眼睛很快，當他播到「兩百多」的時候，眼睛已經瞄到下面有個「雞」字，心想雞怎能稱作「位」呢？於是他改了：

「今天上午十點鐘，兩百多隻雞農，去美國領事館抗議，他們帶了三百多……」

這時候他已經發現前面錯了，怕下面再錯，所以又把「隻」改為「位」。於是成了「他們帶了三百多位雞去，扔在領事館的門外。」

*

還有一位電視記者，播報到「今天松山機場，因為空中交通擁擠，許多班機都應塔臺要求，在空中盤旋幾周之後，再降落。」

那記者也很優秀，心想應該把「周」說成大家聽得懂的白話，於是播成：

「許多班機都應塔臺要求，在空中盤旋幾星期……」

*

以上，都是真實笑話，但是也都告訴我們一件事——

要別人懂之前，你自己要先搞懂。

自己早懂了的事，總要假設別人不懂，你才能多解釋一下，讓對方真聽懂。

三、別把「王國」變「亡國」

「小心喝咖啡。」是我以前在電視公司新聞部時「主播」們常彼此警告的一句話。意思是「小心播錯，被有關單位叫去喝免費的咖啡」。

當年有位同事，就喝過這種咖啡，原因只是他播一條畫展的新聞，標點沒放對。

新聞播出來，是這樣的——

「在這次畫展，中共展出四十幅作品。」

你猜，標點錯在哪兒？

*

還有位主播播到——

「臺灣每年七八月，經常有颱風。」

他也把標點放錯了，成為——

「臺灣每年七八，月經常有颱風。」

結果被大家笑了好一陣。

＊

又有一位也喝了咖啡。

他把「敵軍若敢來犯我，必遭擊潰。」播成：「敵軍若敢來犯，我必遭擊潰。」

結果原來鼓舞士氣的話，只為了標點的錯誤，反而成了「我們自己一定會被敵人擊潰。」

前面故事裡，小管說「不早治，不好治，又麻煩。」

不也是因為「頓挫不對」，而成為「不早，治不好，治又麻煩」嗎？

＊

「停頓」，在說話的時候，有一定的好處。

譬如你說「我一生做事，堅持的只有一個字。」你停頓一下，再繼續說：「也就是『誠』！」

這比你一口氣說完，更吸引人，因為當你停頓的時候，大家都會靜下來，等著聽下面那個字。這一靜，就產生了力量。

但是由剛才的那些「喝咖啡的例子」，也要知道，停頓錯了，麻煩就大了。你尤其要注意說人名、頭銜或國名的時候不可停頓。

否則很可能把「王昇上將到美國」，說成「王昇上，將到美國」。
你也可能把「張小燕窩在家裡」，說成「張小，燕窩在家裡」。
更可能把「沙烏地王國」說成「沙烏地，王國」。
人家沒搞懂，只怕得問你：「沙烏地怎麼亡國的？」

四、名字不能順口溜

說到人名，除了不能「斷位」，也不適於講得太快，這就好比你寫信，信裡龍飛鳳舞沒關係，碰上人名，則得一筆一畫地寫。

為什麼？

因為那表示你對人的尊重——小心工整地寫對方的大名。

那也表示你慎重，怕因為那是人名，對方不一定能「串起來猜」。尤其當你橫著寫的時候，那種分成兩邊的字更不可馬虎。否則有個人叫「梅月坡」小姐，別人很可能唸成「梅肚皮小姐」。「張日勝先生」，人家很可能讀成「張明劵先生」。

小心許成徐

說話的時候，遇到專有名詞也一定要放慢，尤其要小心兩個三聲（「上」聲字）的字連在一起。

譬如你介紹「許小姐」、「李小姐」。

慢慢說，大家聽得清楚她姓「許」、姓「李」。

說得快，就變成了「徐」小姐和「黎」小姐。

這是因為兩個「三聲字」連在一起，第一個字自然會說成二聲。

好比「洗手」。

你一定說成「習」手。就因為「洗」和「手」都是「三聲」音，所以把「洗」說成「習」。

小心取名字

知道了這一點，你的姓如果是三聲，改天給孩子取名字，第二個字就最好避免用三聲的字。

否則「李美靜」，一定被人叫成「黎美靜」。

「柳小嬋」一定被人叫成「劉小嬋」。

*

再進一步談。把人名說得太快，也會造成某些特殊的人名，完全「變樣」。

如同故事裡的「舒姬英」，讀起來成了「輸精」。是因為「姬」和「英」，一說快，就拼在一起，成了「莖」。

又譬如「吳晚蘭」，說快了，成為「晚蘭」。「黎衍長」，說快了，成為「臉長」。是因為「姓」和「名」，「吳」和「晚」、「李」和「衍」的音拼在了一起。

五、小心使用「倒裝句」

我母親在世的時候，一聽到她的老朋友生病，就會說：

「某某人又病了，我真感謝上帝，我比她大十歲，還健健康康的。」

每次聽她說前兩句，大家都會嚇一跳，心想她怎能這麼幸災樂禍呢？直到後兩句出來，才搞懂她的意思。

毛病出在哪兒？

出在她用了「倒裝句」。

前面故事裡，金主任問：「酒點了沒有？」大家聽成「九點了沒有？」也是一樣的道理。

換句話說，他如果講「點酒了沒有？」誰會聽錯呢？

＊

倒裝句最容易惹麻煩的就是當別人只聽一半，或是當你上廣播電視節目，經過剪接，剪掉你後半段話的時候，容易造成誤會。

舉個真實的例子，當我們退出聯合國的時候，有一位領導者發表演講，就差點造成記者被抓去「喝咖啡」。

為什麼？

因為那位領導者用了「倒裝句」——

「今天我們退出聯合國，本人感到非常高興，因為大家都能處變不驚、莊敬自強。」

那記者匆匆忙忙剪接，只剪了前兩句的聲音，成為「今天我們退出聯合國，本人感到非常高興。」

六、勿把「姓焦」變「性交」

如果你碰到像前面故事中的情況，有人冷不防地問你：

「小姐！你姓焦嗎？」

你說，你能不誤會？能不冒火？只怕一記耳光都過去了。

但是如果對方懂得用「重音」，他慢慢說：

「小姐，你姓『焦』嗎？」

他把那「焦」字特別拉高音階、加大力量，你一定就聽懂了。

「重音」的妙用無窮

「重音」能夠加強語氣，能夠表現抑揚頓挫，能使你傳達更清楚的意思。也可以說——重音位置不同，同一句話意思可以完全不一樣。

舉個例子：

同樣「我請你吃飯」這句話，就有不同的講法——

當你女朋友以為是別人請客，而不願參加你的聚會，說：「我和他們又沒交情，為什麼要他們請？」

你可以說：「又不是他們請，是『我』請你吃飯。」

＊

當她耍小姐脾氣說：「我不去！就是不去！」

你說：「拜託、拜託！我『請』你吃飯！」

＊

她還是不去，說：「我去，可以，但是要帶我媽一起去。」

你急了！說：「我請『你』吃飯，不是請你媽吃飯！」

＊

她還作怪，說：「我累了！沒力氣！」

你更急了，說：「我請你『吃』飯，又不是請你做飯。」

＊

「我就是不愛吃麵食，你每次都勉強我。」她發小姐脾氣了。
「我不請你吃麵好了吧？我請你吃『飯』！」你也發了少爺脾氣。

＊

你看！妙不妙？同樣一句話，因為你強調的「字」不一樣，味道可以完全不同。所以，不要認為「重音」不重要。如果你想把話說清楚，就得非常注意「重音」。

＊

「你要飯嗎？」
「你姓闞（ㄎㄢˋ）嗎？」
來，試試看！這兩句話，該怎麼說？

第十二章　那女人是誰？

搶片時風平浪靜，
進一步海闊天空。

「你們在扯什麼啊？」袁太太看見三個鄰居太太站在太陽底下聊天，開玩笑地說：「小心回家魚都臭了。」

「沒什麼、沒什麼！」幾個人好像嚇一跳，匆匆忙忙地散開。

緊鄰的蕭太太跟過來，走在袁太太的旁邊。

「你們到底在談什麼啊？」袁太太又問一遍：「神祕兮兮的。」

「沒有啦！」蕭太太低著頭說。

「一定有什麼事。」袁太太看得出，蕭太太不自然。

「真的沒有！」蕭太太隔了半天說，接著把話題岔開了。可是就在快到家門的時候，蕭太太突然停住，低著頭想了想，吞吞吐吐地：

「袁太太啊！咱們是老鄰居，我一路想，還是告訴你好了。我覺得，你恐怕得留意一下你家老袁。」

「為什麼？」袁太太臉色都變了。

蕭太太又吞吞吐吐了老半天，說：「好像有人看見老袁跟個年輕女人。」

「誰？跟誰？」

「沒人認識。」

「誰說的？誰看見的？」袁太太由剛才鐵青的臉色轉為通紅：「是誰胡說八道？他看見

了嗎？」
「不是我唷！」蕭太太害怕了。
「不是你是誰？你說！」袁太太趨前一步，厲聲問。
「是洗衣店老闆娘說的。」

*

袁太太馬上跑去洗衣店。
老闆娘好像心裡已經有數，躲在後面不出來。
「你出來啊、你出來啊！」袁太太喊。
「我在忙啦！」老闆娘把乾洗機開得好大聲。
「我等你。」袁太太居然往門口一坐。
眼看逃不掉了，老闆娘抹抹手，出來了，揚著眉毛，還裝：「要拿衣服嗎？還沒洗好呢！」
「沒洗好？」袁太太問：「我沒拿衣服來洗啊！」
「袁先生早上拿來乾洗的。」老闆娘聳著肩，縮著脖子，一看就有問題。
「他一個人來，還是帶別人一起來？」袁太太板著臉。

「一個人、一個人！當然一個人。」

「那你為什麼亂說話？」袁太太沒好氣地問：「是不是你說的？」

「我沒說，我沒說唷！你誤會了。」老闆娘直搖手：「我只是，只是幫你先生檢查口袋的時候，看見一張照片。」

「什麼照片？」袁太太緊逼著。

「一張……哎呀……」

「你說！」

「不要這樣嘛！」老闆娘露出央求的表情：「他和一個年輕小姐一起的照片啦！沒什麼啦！」

「照片在哪裡？」袁太太轉過櫃臺，伸手要。

「你先生一看到，就拿走了。」

「他說那是他女朋友嗎？」袁太太臉色先一緩，又眼睛一瞪：「他說是誰幫他照的嗎？」

老闆娘搖頭。

「告訴你，那是我照的，我先生和我美國回來的表妹。你以後不要亂說好不好？」袁太太嘆口大氣：「這年頭啊，連和親戚照一張照片，都要讓人說閒話。幸虧是我照的。」又抬頭，指指老闆娘：

「你給我去澄清！否則我告你毀謗，我先生知道了，也非找你麻煩不可。」

「千萬別告訴你先生！」老闆娘直鞠躬：「對不起啦、對不起啦！這次洗衣服不收你錢啦！」

*

老袁回家了。

才關上門，啪！就挨了一巴掌。

「照片呢？你跟那個騷貨的照片呢？」袁太太像半截寶塔似地立在眼前。

當天晚上，兩個人狠狠吵了一架，老袁硬不承認，說是和女同事的照片，然後東掏口袋，西翻手提箱，說找不到了。

袁太太還是不放，上了床，翻身過去，不理老袁。

第二天一早，老袁偷偷自己起床，到冰箱掏了點東西吃，再靜悄悄地出門。

「站住！」袁太太突然在臥房裡喊：「洗衣店的人問你照片，你就說是和我美國回來的表妹，是我照的。」

「是……是……」

「還有！」袁太太又喊：「不用給乾洗錢，老闆娘說了，這次免費！」

有話好說

故事說完了。

你猜，這一章要討論的是什麼？

是「以進為退」的說話方式。

看看前面故事裡的袁太太，不是「以進為退」嗎？當她聽到閒言閒語的時候，立刻追查「謠言」的來源。

然後，她找到源頭。並且在發現證據已經被老袁拿走之後開始發飆——

「那照片是我拍的！」

誰能證明那照片不是她拍的？

既然是她拍的，還會有什麼問題呢？

於是謠言止住了。散布謠言的人認錯了，連洗衣服的錢都省了。

你說，這以進為退的方法妙不妙？

＊

換個角度想，如果當時袁太太大罵丈夫，再打電話，甚至追到辦公室興師問罪，會是怎麼個結果？

只落得左鄰右舍和辦公室同事們看笑話，不是嗎？

而且這笑話愈傳愈遠，愈傳愈「走樣」，以後袁家還怎麼見人？

除非袁太太不要這個婚姻了，否則最好關著門算帳，別讓家醜外揚。

就算她真要離婚，又好在大吵大鬧、讓大家看夠笑話之後離婚嗎？

人都要面子，死也要死得有面子。

一個拳擊手，在場上挨了揍，只要不是死在場上，下來之後「發了病」，也要對外說是自己「老毛病發作」，而不能講是在場上被人打成那樣啊！

所以「謠言止於智者」這句話，你可以說是「智者不信謠言」，也可以講——只有有智慧的人，才知道如何以進為退，阻止謠言的散播。除非別人握有十足的證據，絕不能迴避、退縮。

我們甚至可以說，即使在自己處於弱勢的情況下，以進為退仍然是一種很好的脫身方法。

舉幾個生活上的例子：

一、你是不是要道歉？

向來都準時的捷運班車，居然因為電路發生問題而誤點了。成千上萬的學生和上班族遲到，一片指責聲。

記者趕去了，問捷運局長：「您是不是要為這次誤點向社會致歉？」

「當然要！」捷運局長嚴肅的說：「就算社會諒解我們是因為新換系統，不要我們道歉，我們也一定要道歉，非道歉不可！」

於是本來的「被動」，成為了「主動」，不但「面子」回來了，而且給人一種負責的好印象。

二、我也有麻煩

「聽說老王最近到處借錢，剛才他打電話說要過來，恐怕沒好事。」老陳對太太說。才說完，門鈴就響。

「歡迎歡迎！」老陳衝出去，熱情地招呼：「來來來！請坐！聽說你最近碰到一點困難。哎呀！」拍了老王一下：「人哪兒會沒困難呢？我最近也碰到點不順心的事，只是沒吭聲，幸虧太太娘家幫忙，暫時解決了。」

你說，老王還好開口借錢嗎？老陳不向他開口借錢，已經不錯了啊！

三、本來就不好

暢銷作家舉行記者會。

「對於現在很多人批評您的作品不是文學，甚至說寫得不好，您有什麼感想？」有記者問。

「我相信他們的批評一定有道理，而且我從來不認為自己的作品好，正因為覺得不夠，所以我要不斷改進、不斷充實。」作家誠懇地說：「我不知道自己作品的文學價值，只知道我是真真實實地寫自己的感覺。」

這樣說不是比你捺不住性子，對那些批評者大加反駁，結果得罪一堆人，還落得狂傲之名好得多嗎？

*

表面看，那些話是「退」，是「自謙」，實際是「以退為進」，先主動讓自己「利空」，然後「利空出盡」、「自谷底攀升」。

愈是對文學、美術、音樂，這些較抽象的藝術，愈可以用這種方法面對批評。甚至包括相貌。想想，如果你長得漂亮，有人不服氣地問你：「你認為自己漂亮嗎？有人說你是校花，真的嗎？」

你該怎麼答？

你說：「對！我是漂亮、我是校花。」八成會得罪一大票女生。

你何不說：「我不覺得自己漂亮，只希望做個平凡的人。至於漂亮不漂亮，是不是校花，都是別人在說，我從不放在心上。」

這樣不是既表現了你的謙虛，又襯托了你的丰采嗎？

四、先「主控」再找「退路」

你住的社區要舉行住戶大會，選管理委員會的委員。

你德高望重，不敢不出席，怕有人怨你不重視社區。你又不敢出席，知道只要去了，八成會被選為主任委員。

你去還是不去？

「你去了！」而且一出席就掌握了大會的主控權，對社區有許多建言。果然，你以第一高票當選委員，如果按得票數計算，主任委員非你莫屬。但是會議還在你主控之中，你先開口：「雖然我因為人常不在國內，不可能擔任主任委員，但我絕對全力襄助主委，我自願擔任宣傳組負責人，大家說好不好？」大家鼓掌，再想想，你也確實太忙，既然自願負責宣傳，也好。於是，另選了主任委員。這比你躲著不去，還是當選。甚至「人不在」的情況下，仍然會被「推舉」為頭頭，不是好多了嗎？

你怎樣辦到的？

「主動」辦到的！「以進為退」辦到的！

先「主控」，再「主導」

以進為退，最大的好處是你能參與，能控制。

說話，最重要的就是主控。

想想，為什麼許多公會、工會、農會的主席，總有人搶著做？

因為他當了主席，能主控全局，朝有利於他的方向發展。

從這條路往下想，即使在會議中，你不打算發言，也爭不到主席的位置，你也應該出席。

你出席是為什麼？

為了參與！為了保護你的利益，也為了「人在人情在」。

你一定不能不在場

在競爭激烈的場合，如果總得有幾個人被批評，總是落在那些缺席者的頭上。

這是人性——欺侮不在場的人。

想想！大家在為失敗找代罪羔羊。

會落在那站在臺中央，正「義正辭嚴」的主席頭上嗎？

不會！

會落在來勢洶洶、虎視眈眈的人的頭上嗎？

不會！

會落在像袁太太那種，你碰到我衣角，我都和你沒完沒了的人的頭上嗎？

不會！

會落在哪個倒楣鬼的頭上？

當然落在那缺席不敢來，或躲在角落，怯怯生生，最沒聲音、最沒脾氣的人的頭上。

所以，記住！

以進為退，是主動出擊，是告訴對方你會纏鬥到底。你即使不開口，也不能不用你「閃亮的眼睛」開口，告訴大家：

「我可不是好欺負的！」

第十三章　十個聰明人

當災難成為歷史，
痛苦就化做冠冕。
當緋聞成為過去，
醜事就化做韻史。

一、可憐的孩子

一個全家企盼已久的孩子終於誕生了。

但是娃娃的上身才出產道，醫生就倒抽一口涼氣；當娃娃下半身也出來的時候，大家都呆住了。

「快、快、快！把他送進保溫箱。」醫生反應還算不錯，怕產婦受不了打擊，匆匆忙忙剪斷臍帶，包起來，交給護士。

之後的一個月，每天嬰兒被抱給產婦餵奶時，每個「新媽媽」懷裡都有一個娃娃，只有「那個娃娃」的媽媽，見不到她的孩子。

「黃疸嚴重，現在不能看！」大家總是這樣騙她，並私下商量，什麼時候可以帶她去看那畸形的兒子。

*

一個月過去了。不能再瞞了。

醫生、護士和家人們，十分緊張地把「那位母親」帶去看她的兒子，大家做了最壞的打算，想她會尖叫著暈倒、想她會轉身離開、想她會痛哭失聲……甚至為她準備了一張空的病床。

她終於見到那沒有雙臂，也沒有雙腿的孩子。

「好可愛！」她居然笑著說。

那天生重度殘障的孩子，就是日本著名的作家，《五體不滿足》的作者——乙武洋匡。

二、當怒火過去的時候

孩子放學了，琳琳去接他，「今天考算術了嗎？」琳琳問。

「考了！」

「你考幾分？」

兒子支支吾吾了半天說：「五十分。」

琳琳大吃一驚，本來想劈頭一巴掌：「你要死了啊？我回去好好揍你一頓。」但是怕孩子當街哭起來，丟人，於是壓下怒火，一路想「我該怎麼說」？

孩子顯然怕了，低著頭，跟平常有說有笑，判若二人。看在琳琳眼裡，有點心疼。到家，氣也消了。

先叫孩子洗手，喝杯果汁，又叫他：「拿出試卷，給媽看看。」

看完，琳琳平靜地說：「十題，錯了五題，另外幾題怎麼錯的？看！有些是粗心，粗心最不應該，也最簡單，下次細心，多檢查幾遍，應該就能不粗心了。發現有兩題不會，也好，來！我教你。下次就會了。」

三、死了兒子的父親

一九九七年一月十六號，美國著名電視影集《天才老爹》的主角比爾．科斯比，在哥倫比亞大學研究所念書的兒子，居然在高速公路上被人射殺。

比爾．科斯比沉痛地參加了葬禮，呼籲把兇手繩之以法，然後，他在電視上消失了好一陣子。

隔幾個月，他又出現了。在電視上，有人問他對這悲劇的想法。

「我們的心和所有曾經遭遇不幸的家庭連在一起，要分享這樣的經驗真不容易。」比爾．科斯比平靜地說。

四、女兒受傷的父親

被稱為「臺灣半導體之父」的張忠謀，談到他女兒發生車禍。

「幸虧只有她一個人受傷，沒有傷到別人。」白髮的張忠謀對大家說。

五、丈夫重病的妻子

美國前總統雷根的阿茲海默症愈來愈嚴重了。

在電視上，雷根夫人南西接受了芭芭拉．瓦特絲的訪問：「聽說雷根先生病得很重，現在情況如何？」

南西笑笑：「感謝上帝，已經出乎我們意料地好了。」

六、對小偷進一言

旅館裡借給旅客使用的浴袍總是失竊。

客房部主任氣憤地寫了一張公告，打算發到各房間——

「偷竊本旅館浴袍者，將被送警究辦。」

隔一天，他把內容改了——

「請勿將本旅館的浴袍攜走，以免觸法。」

隔一天，他又把內容改了——

「如果您對浴袍感興趣，請洽客房部，我們有全新的，可以賣給您。免得您拿走用過的浴袍，卻被扣了新浴袍的錢。」

七、向老母進一言

明明醫生開了藥，老太太卻固執，不吃。結果整夜咳，吵得兒子睡不好覺。

「我要去跟媽說一說！」兒子早上對太太說：「她太過分了，簡直和我們過不去嘛！」

「別急、別急！」太太把他拉住：「先想想，換個方法說。」

吃早餐時，兒子對老母開口了：「媽！真是母子連心，您咳嗽，就算很小聲，我都會聽到，心不安。您上床前還是吃點藥吧！」

八、向老父進一言

女兒交了要好的男朋友，居然脾氣和準岳父一樣，固執。有一次為了約會，還頂撞了「老先生」。

「你為什麼會愛上這小子？」老先生厲聲問女兒：「他哪一點好？值得你愛？」

「爹地！你不覺得他的個性很像你嗎？有一點直，有一點固執。」女兒說：「我愛你的個性，覺得像你這樣堅持到底的個性能成功。他雖然不及你，但是多少有點像，所以我愛他。」

九、對妹妹進一言

小芳帶了三個頑皮的孩子來，在小趙的玫瑰花園裡撒野。

小趙在屋子裡看到了，火大地說：

「我要出去好好訓訓這些小鬼，把我的花都弄斷了。」

「何必你去呢？」太太說：「由我去。」

趙太太走到花園，小芳居然正盯著亂跑的孩子，得意地笑呢！

「小芳！」趙太太小聲說：「那些花都有刺，又剛噴了殺蟲劑，我老公說，小心孩子被刺到，有毒。他在樓上看了，緊張得不得了呢！」

十、左右逢源的說法

「我家對面新開的公園裡，就要蓋圖書館了。」老太太逢人就說：「多棒啊！你們要常來，一起去看書。」

隔一陣，政府改變計畫，不蓋圖書館了。

「我家對面新開的公園裡，現在不蓋圖書館了。」老太太還是逢人就說：「多棒啊！全是綠地，你們要常來，一起去散步。」

有話好說

看完這十個故事，你有什麼感想？

你覺得乙武洋匡的母親太笨，還是張忠謀太奇怪？

你覺得兒子勸母親吃藥的方法太假，還是南西想得太好？

抑或，你覺得那位老太太，正著說、反著說，都是她對？

換個角度看世界

問題是，畸形的孩子已經出世了，車禍已經發生了，咳已經咳了，雷根已經病重了，圖書館已經不蓋了。

你怨天尤人有用嗎？

你今天在路上就算把孩子揍一頓、罵一頓，那五十分又能成為一百分嗎？

同一件事，你總可以從不同的角度去看，而產生完全不同的感覺，說出完全不同的話。

那些說話傷人的人，多半因為沒有換個角度看事情，也可以說，他們總從負面想——

為太太好

窗子開著，有涼風進來。

他可能罵太太：「你難道不冷嗎？為什麼不關窗子？」

他何不換句話說：「太太！我怕你會冷，把窗子關上吧！」

為媽媽好

孩子爬得很高，媽媽很可能罵：

「你要死啊？你給我下來！」

她為什麼不改成：

「孩子！那樣危險，你不怕，媽媽會怕，快下來吧！」

為朋友好

在車裡，有朋友要抽菸。

「你把菸熄掉好不好？我受不了。」某人喊。

他何不改成：「少抽一根吧！尤其在車裡抽，對你身體很不好。」

為大家好

交一疊錢給朋友。

「數一數，回頭少了，可別怪我。」你說。

你說得沒錯，他卻不好意思數了。你何不換個方法：「還是請數數，因為我有時候會糊塗，搞不好，多給你了。」

*

最能把話說到心窩裡的，總是最能為別人設想，也總能退一步思考的人。

這樣的人，不但能用言語幫助別人，也能用這種方式幫助自己——幫助自己用正面思考，度過人生的苦難。

聽過那句名言嗎？

「我一路光腳走來，哭我沒有一雙鞋，直到有一天，看到一個沒有雙腳的人。」

知道乙武洋匡怎麼形容當他媽媽說他「好可愛」的那一刻嗎？

乙武洋匡說：「出生一個月，我終於誕生了。」

對的！

會說話的人，總用言語肯定別人、關懷世界，使自己看得開、看得遠，交更多的朋友，也活得更快樂。

【原版後記】

大道理也能說成小故事

如果說有一本書，在我心裡藏了二十多年，直到今天才能動筆，那本書就是《把話說到心窩裡》。

從大學二年級開始，我就在成功高中教「演辯社」，在師大教「朗誦詩」；師大畢業之後，又教好幾所大學的「詩社」，並到各處以「說話的藝術」發表專題演講。

我一直想把自己對這方面的心得寫出來，只是一拖拖了二十多年。原因很簡單——我知道怎麼用「語言」表達得生動，卻不知如何以「文字」描寫得精采。

直到今天，出了六十多本書，寫了《我不是教你詐》、《你不可不知的人性》，我才漸漸有把握將自己在「口語傳播」上的學理，生動地訴諸文字。

當你一路看來，覺得這本書真生動、真有意思，而且有些《我不是教你詐》的味道時，對的！是「學理」。

實際你已經聽我說了許多「學理」。

只是那些「學理」都隱藏在「生活」之中，我透過許多平凡的小故事，把學理呈現在你的面前。

哪個學理不是由生活經驗中產生的呢？

學理是經過分析之後得到的東西，它能提供我們說話的大原則，告訴我們應有的「戰略」。但是「學理」不見得能成為「戰術」。許多理論家也就因此，成了紙上談兵。

所以，我用了二十多年去猶豫，至今才能把書寫出來，我等的不是「學理」，而是五十多年「真真實實的生活體驗」。

＊

現在，讓我們回頭想想，在這本書裡你是不是看到了如何不說、如何在別人多說的時候冷靜觀察，如何使用身體語言，表現「說大人，則藐之」的技巧，如何報導新聞、陳述事實、主持節目，以及調配說話的次序、創造說話時的氣氛？

還有，你是不是了解了什麼是真正的「老交情」，怎樣的請託較有效，什麼是「自我催眠」，怎麼不撒沒有必要的謊，以及如何尊重你的聽眾，使你的「詞能達意」，「言能由衷」。

當然，你更學到了怎樣對待別人的「放話」，以及如何「放話」給對方。你知道「副手」對「副手」的道理，以後看新聞，也能了解「那個看來笨到家，總說錯話的副手，其實後面有個聰明的正手在指點。」

至於孔子的「成事不說，遂事不諫，既往不咎」，也不再只是「課文」，而成為你能靈活運用的「人生智慧」。

你甚至學到了「斷句」、「頓挫」、「重音」、「同音異義字」、上聲（三聲）音的「變調」，乃至取名字的技巧。

到了最後兩章，你看到了「以進為退」和「以退為進」的許多例子，以及「換個角度看世界」、「換個角度說話」！知道「會說話的人，總用言語肯定別人、關懷世界，使自己看得開、看得遠，交更多的朋友，也活得更快樂。」

＊

我在此時推出這本書，還有個原因——

我已經五十二歲，本來近年就很少在外演講，未來顯然只會更為減少。我常怕自己的身體快速老去，有一天不能寫了，所以決定這幾年，把我過去重要的演講材料都整理出來。

《把話說到心窩裡》預定寫四本，第一、二集為處世說話及一般語言技巧，第三集為幽默技巧，三本都是極好看的書。至於第四集，則因為屬於「音律」及「演講學」，只能做為專業教科書。我深深盼望自己能有時間和體力，在短期之內，把四本書完成。也希望每位讀者都能由這些表面風趣的作品中，見到我寫作的初衷及故事背後的東西。如同二十六年前，我製作電視節目時堅持的——

「不要因為觀眾喜歡觀看，而做給他看。要做給他看，而且使他喜歡看。」

現在，我終於把這本《把話說到心窩裡（處世說話篇）》呈現在您面前，和您分享我的心得。它是我「設計」二十多年的產物，希望您喜歡，也請您介紹給朋友。

謝謝！

劉墉於二〇〇〇年

第二部・語言技巧篇

【原版前言】

家常話，小心說！

你有沒有見過人臉紅？

如果臉紅的是個孩子，你一定覺得「天真可愛」。

如果臉紅的是個大人，你八成覺得「尷尬得要死」。

如果那臉紅的是你——

別人一句話，還沒完，你身體裡已經產生化學變化，臉一下子紅了，要擋也擋不住，要躲也躲不掉，硬是讓說話的人，甚至四周的朋友全看見，那臉紅可就嚴重了。

你可能記住一生，也可能記他一輩子。為什麼？因為他當人面，傷了你！

偏偏這世上就有那麼多人，不會說話。「話不投機半句多」，他才說半句，就讓你恨一輩子。

說幾個我親眼見到的例子：

*

有一天我在候機室等登機。

因為是國內航線，同一個登機門，供好幾個不同的班機使用，門外也就等了一堆人。

「××× 班機，拿紅色登機證的請登機。」航空公司的一位小姐對著人群喊。

立刻就有好多人擁向登機門。

「你不是這一班的！」小姐突然對其中一個中年的女乘客說：「我說持紅色登機證的登機，你的是藍色，你不認識紅色嗎？」

當著上百個乘客的面，那女人的臉一下子紅了，突然轉身，衝進洗手間……

＊

一位多年不見的朋友請我吃飯。

餐廳領班等我們點菜，朋友指著菜單說：

「這裡我常來，聽我的，準沒錯，你可以點這個和這個……」

她的話才說一半，領班笑了：「您不用教劉先生了，他比你更常來。」

我這朋友的臉立刻紅了，而且紅到脖子、紅到耳根，然後，變得鐵青。

＊

聽一位學者的演講會，會後還有摸彩。
演講很成功，在熱烈的掌聲中結束了。
主持人抱著摸彩箱上臺，對大家一笑：
「終於開始摸彩了，相信大家一定等急了。」
坐在臺上的那位「主講者」立刻臉紅了。臺下先有些人笑，接著有人開汽水，那主持人的臉也紅了，只見臺上兩個「紅人」，面對臺下上千位觀眾，場內突然變得鴉雀無聲……

＊

一群人正聊天，有位男士一邊掏口袋，一邊站起身：「對不起，我要出去一下。」
「出去幹什麼啊？」有人說：「一定是出去抽菸，沒關係啦！我們不在乎，你可以在裡面抽。」
「不！」那起身的男士說：「我最講抽菸的公德了，我抽菸，絕對躲到室外，冬天也一樣。」
「得了吧！」突然有人說話，是他太太：「年輕時候，天天坐在床上抽。」
那丈夫怔了一下，臉接著紅了，沒吭氣，匆匆忙忙地往門外走去。

*

這些畫面總在我的眼前浮起。我常想，說話真不容易，因為令人臉紅的不是「那句話」，而是由於那句話產生的聯想。所以說話的人必須像下棋，一邊看眼前的對象，一邊往遠處設想，才能不讓人多心。

我也常想，機場的那位女士、請我吃飯的那個朋友、演講的學者和自認有抽菸公德的丈夫，他們不但當著人前臉紅，而且必定把這件事記一輩子。

因為那些話是當著人前給他難堪，令他下不了臺。

雖然都是「無心之言」。

*

這本《把話說到心窩裡2》談的多半就是「無心之言」，在平常言談中，最容易犯的錯誤。

年過半百，看了多少朋友，結婚、離婚，又結婚，又離婚。有時候把一對怨偶找來調解，聽他們說話的方式，卻發現勸已經沒有用。

也有多少父母把孩子帶來，談他們的衝突，但是看那父母的眼神、聽他們說話的方式，就知道衝突必定難免。

可悲的是，沒有人會承認他們正在犯錯，沒有人知道，他們總在日常的言談中傷害別人，尤其是，傷害他最親近的人。

＊

這本書，很平凡、很生活，很可能有你認為「不是問題的問題」。但是，請靜下心來，聽我說——

家常話，小心說！

第十四章　餐桌上翻臉

既然狗子為你叼來了報紙，
就理當得到摸摸頭的獎勵。

「天哪！怎麼這麼久才出來？」圓圓剛走出門，小鄭就喊。

「飛機誤點，你不知道嗎？」

「我不知道。我已經等了兩個半鐘頭了。」

「我不是叫你先打電話問航空公司嗎？」

「哎呀！早點到也好嘛！免得你出來看不到我，會生氣。」小鄭把語氣放緩。

「那你幹嘛怨等久了呢？可不是我要你等的。」

兩個人沒再多說，車子開上高速公路，突然下起傾盆大雨。

「幸虧買了這輛好車，要是以前那老爺車，真不知道怎麼開。」小鄭瞄著前面迷迷糊糊的景物，把雨刷調快一點：「我就知道你會常出國，總得接送你，所以買這輛……」

話還沒說完，圓圓已經喊了：

「你得了吧！你一共開車接送過我幾次？你是為自己拉風，少算到我頭上。」

*

才見面，氣壓就盪到了谷底。小鄭不吭氣了，心裡在算一共接送過老婆幾次，果然沒幾次，但是靈光一閃：

「可是、可是我接送孩子啊！你不在的這段時間，都是我接我送……」

還沒說完，又被圓圓打斷：

「喂！孩子不是你的啊？什麼我的我的，我問你，孩子怎麼姓鄭啊？」

小鄭又不吭氣了。車進市區。

「不早了，你直接把我送去公司好了。」圓圓說：「今天還有得忙呢！」

「你不回來吃晚飯？」

「難說，你帶孩子先在外面吃好了！」圓圓下車，又回頭指指行李箱：「喔！對了，我箱子裡有一包天津蜜棗，新鮮的，臨走前朋友給的，你和孩子嘗嘗，應該不錯。」

＊

小鄭帶孩子吃完晚飯回來，就把蜜棗洗好，放在盤子裡，叫孩子先吃。

「一共才五個，你吃兩個，給爸爸媽媽留三個。」小鄭交代。

就見孩子挑了兩個最紅最大的吃了。正吃呢，圓圓回來了，一臉倦容，居然還沒吃飯。

「我就猜到你沒吃。」小鄭把一個餐盒往圓圓前面一推：「我剛才特別為你帶了一份，菜比我們吃的還好。」

「謝啦！」圓圓打開餐盒，開始吃。小鄭則坐在旁邊看，正不知說什麼好，看見盤子裡的三個棗子，伸手過去拿了一個，正要咬，又放回去，換了個小的回來。

棗子小，沒兩口就吃完了，小鄭還拿著棗核，一小口一小口地慢慢啃，再把剩下的兩個棗子推到圓圓面前：

「一共只有五個，孩子挑了兩個最大的吃了，我只吃了一個最小的，你勞苦功高，剩下兩個給你。」

「你不要說了好不好？」沒想到圓圓把盤子又推了回來：「你剛才挑個小的，我早看到了，你的好意，我心領了，統統給你吃，我不吃！」

「欸！」小鄭抬起頭來：「你是怎麼搞的，怎麼我好心沒好報了呢？」回頭看孩子：「娃娃！你說！媽媽是不是沒良心？爸爸照顧你、接媽媽飛機，為媽媽買便當，給她留大的棗子，她對爸爸態度還那麼壞，娃娃，你評評理！」

才五歲大的孩子，看看爸爸又看看媽媽，好像見到兩座活火山，突然哇地一聲，哭了！

有話好說

好！娃娃哭了，她不能評理，請你評評理。

圓圓是不是沒良心？

小鄭確實為家做了不少事，圓圓明明應該感激，為什麼態度反而不好呢？

換做你是圓圓，你是不是會對丈夫在機場等了那麼久、買新車接送、照顧孩子、多買一份便當，把好的棗子留給你，而一一感謝，甚至感動得流淚？

如果你是新婚，大概會。

但是如果你們相處久了，婚姻關係已經發展成一種相互的義務，那反應可能就不同了。

今天為什麼有那樣的結果？可能兩個人情感本來就不怎麼樣，也可能圓圓旅途勞頓，公務纏身，情緒不好。

但更大的可能是——

兩個人都不會說話啊！

你何必說呢？

「你做就做好了，何必說呢？」

這是許多夫妻吵架時說的，如果下面還有話，則可能是「你做，不用說，我自然會看到。今天你說出來，要我值你的情，對不起！我不值！」

人都有這個心理，就是不願意欠別人的情。因為欠錢能還，錢有一定的數目，是多少就是多少；情卻是抽象的，欠了，不知怎麼還。

問題是，許多人就有「要別人值他情」的毛病。只要他做了，他就不能不說，他唯恐別人不知道他做了。而且愈是平常做得少的人，愈有這個毛病。

這道理很簡單——

今天好不容易，我做了一點事，顯示我不是廢物，沒有尸位素餐，我怎能不大大宣揚一番呢？

於是你很可能聽見家裡平常最不動手的某人對你說：

「哎呀！今天垃圾車來，你不在，我趕死了，那垃圾真臭，還直滴水，害我趴在地上擦了半天。」

如果你聽了不高興，心想「好不容易動一下手，何必吹呢？」而回他一句：「那你就不要倒嘛！多放一天有什麼關係？」

他聽到，很可能馬上就跟你不高興，因為他要你值他情，你偏偏不值這情。

你少「現」了！

在辦公室裡，這情形也非常普遍。某人因為打翻削鉛筆機，弄了一地木屑，不得不掃掃，於是順便也把四周掃一下。

然後他開始說，這地上多髒，他看不慣，所以很辛苦地掃了一番，甚至因此閃了腰。你看在眼裡，心想「得了吧！別邀功！」然後回他一句：「你掃你那邊就好了，我沒覺得需要掃，而且下班之後，清潔工會來掃。」

他是好心沒好報，也可能因此不高興。

少往人身上推

你信不信，我有個學生，她母親得了乳癌，總是對那學生說：「媽媽都是為了你，才硬撐著不死。」

那學生本來就叛逆，聽一次、兩次、三次，有一天不耐煩了，居然回她娘：

「你要死就死好了！不要說活著都是為了我。」

我之所以知道這事，是因為學生來對我說，她知道自己大逆不道，說了傷母親的話，可是她也說：「不知道為什麼，我就不喜歡她把什麼事都往我身上推。」

不吹牛、不邀功

《論語》裡記載，孔子有一天要弟子們談談自己的志願。顏淵說：「願無伐善，無施勞。」翻成白話是：「希望不自誇有本領，不張大自己的功勞。」再說簡單一點則是：「希望能不吹牛、不邀功。」

顏淵這兩句話講得真對！你要把話說得動聽，就要先做到不吹牛、不邀功，因為那是最令人反感的事。

請問，你是不是常在別人「吹牛邀功」的時候，嘴上雖不說，心裡卻暗罵：「得了吧！少吹了！算了吧！我不領你這情，沒有你，我一樣過得好好的。」

吹牛和邀功也可能用另外一種方式表現。

某人送你一個禮物，他每次到你家，看到那「東西」就說：「哇！這可是我花了多少錢……」「哇！這東西真棒！我愈看愈覺得棒……」

你聽了會有什麼感覺？你表面雖然少不得要再感謝一番，心裡會不會想：「可以了、可以了！夠了！難道要我還給你？」

你要先開口

把話說到心窩裡，你先要用自己的心，想別人的心。當別人邀功，你聽了不高興。他不邀功，又生怕你不領情、不知道的時候，你要怎麼說？

你要主動說！

想想，如果圓圓在機場先開口：「哎呀！飛機誤點，你一定等久了，真謝謝你，這麼早就來接我。」

如果圓圓在看到小鄭為她多買的便當時，先開口：

「哇！你好好唷！怎麼會猜到我沒吃晚飯。」

如果圓圓在看到小鄭挑小的棗子吃，把大的留給她的時候說：「你全吃了吧！別留給我，我在北京已經吃過了，謝謝你這麼體貼。」

這幾句話，不是比什麼都貼心嗎？

所以圓圓和小鄭不高興，也要怪圓圓，她顯然不夠溫婉。

堵上他的嘴

同樣地，當你發現職員私下為公司效了力、家人自動幫你做了事，你不等他開口邀功，先主動讚美他，不是既讓他窩心，又能「堵上」他的嘴嗎？

還有，遇上那愛邀功的人送你東西，不必等他開口，你先說：「來！你看看，你送我的東西，放在這兒，多配！真是太感謝你了！」

甚至遇到你以前的老師、長官，你今天有成就，他反而不如意時，你先開口說：「都是因為您的教誨、提拔，我才能有今天。」

你這句話能不說到他心窩裡嗎？他原來酸溜溜的，甚至嫉妒你，想倚老賣老，要你飲水思源。但是沒等他開口，你先說了，他能不高興嗎？

更重要的是，你先開口，顯示了你的風範，更表現了你的有情。

施人慎勿言、受施當言報

把話說到心窩裡，最重要的就是要「有情」。如果你是付出情的人，你只能做、不能說，你要讓對方自己去感覺。你只要一說，那就不再是純純的情。

相對地，如果你是接受情的人，你在接受的同時，也要說出心中的感激。因為你能鼓起勇氣，說出來，就已經是很好的報答。你感謝的言語，必能獲得對方更多的關愛。

古人說：「施人慎勿念，受施慎勿忘。」如果改成「施人慎勿言，受施當言報」應該更能落實於生活之中，也更能令人感動啊！

第十五章　小弟六點半

大丈夫白天對你低頭你別得意；
小弟弟晚上對你垂頭你莫傷心。

「臭死了！」

小趙才進門，老婆菲菲就喊。

「什麼臭？」小趙一怔。

「什麼臭？」菲菲哼了一聲：「你還不知道？口臭！」

「我有口臭嗎？」小趙張開嘴：「我不覺得啊！」還衝菲菲哈口氣。

「臭死了！」菲菲用手搧了搧，一扭身跑了，一邊跑一邊喊：「離我遠點，別讓我作嘔。」

小趙還是不信，用手擋著嘴，又哈了兩口氣給自己聞聞，搖搖頭，自言自語地說：「不臭啊！」

正好女兒放學回來，小趙就把孩子叫過去：「來，你聞聞看，爸爸有沒有口臭？」女兒才要過去，卻聽菲菲在廚房尖叫：「噁心死了，別過去，你爸爸有口臭。」女兒趕緊笑著跑開了。

「八成中午吃了什麼東西。」小趙坐在沙發上自言自語：「讓我想想，是不是吃了大蒜。」

「不是不是！」菲菲居然又聽到了：「臭死了，是鹹魚味。」

「鹹魚？」小趙一瞪眼：「我沒吃鹹魚啊！」

「那你自己就是鹹魚，而且是臭鹹魚！」

＊

晚餐時候，小趙吃得特別小心，尤其魚，平常他最愛吃了，這天卻一點都沒碰。

「你為什麼不吃魚啊？你怕臭啊？」菲菲硬是夾了半條魚到小趙的碗裡：「吃！說不定以毒攻毒，就不腥不臭了。」

吃完飯，女兒做功課，兩口子看電視，小趙靠過去，又哈了口氣，柔聲細語地問：「怎麼樣？不臭了吧？」

菲菲往前探探頭，又像觸電似地躲了回去，直搖手：「臭、臭、臭！還臭！」

「還臭？」小趙皺皺眉，悶悶地看電視，菲菲則拿張報紙遮著臉，還嘩啦嘩啦地不斷抖動報紙。

「你少抖報紙好不好？」小趙拍拍菲菲大腿：「我都聽不清電視裡說什麼了。」便見菲菲把報摺成一半，把兩條腿縮在沙發裡。看一下，又跳起來，去了女兒房間，接著就聽見罵女兒的聲音。

「幹嘛呀！」小趙聽女兒像要哭了。「你今天是什麼毛病？不是嫌我臭，就是嫌女兒不好，我看哪，有毛病的是你。」

卻見菲菲探出頭來：「你別操心好不好？你就是太操心，才口臭。」轉身進去，還嘟囔著：「口臭不夠！脾氣也臭！」

＊

小趙不想擴大事端，因為明天放假，今天是「一週大事」的日子，於是逕自去沏了杯熱茶。而且每喝一口，都先漱漱，再吞下去。

菲菲倒是訓完女兒，又坐回沙發看電視，每次小趙漱口，都轉頭盯著看，一邊看一邊笑：「拜託！你別噁心好不好？漱口就漱口嘛！還嚥下去，口臭變成胃臭，搞不好全身都臭了。」

小趙沒再漱，刷完牙、洗完澡，臨上床，又去翻櫃子，找出漱口水，狠狠地漱了兩分鐘，還仰著頭，呼嚕呼嚕地漱喉嚨。

＊

看女兒睡了，臥室門也關上了，小趙把床頭燈光調暗一點，慢慢湊近菲菲。

菲菲背著臉，裝睡，小趙摟摟她的腰，菲菲扭了扭：「幹嘛、幹嘛？」

小趙小聲說：「你說要幹嘛？」

「你嘴不臭了嗎？」菲菲笑笑：「臭我可不幹！」

「我用漱口水漱了十遍。」

菲菲一下子翻轉過來：「我先聞聞看。」吸口氣：「嗯！好重的藥味，好像不臭了，廁所變成了醫院，希望等下不會又變臭。」說著伸手，在被窩裡探來探去：

「欸！怎麼不見了？小弟弟呢？小弟弟不行了！」咯咯咯笑了起來：「你根本沒興趣嘛！小弟弟六點半了……」

有話好說

小趙的「小弟弟」為什麼六點半了？

對不起，如果你還是小朋友，你一定不懂。

但如果你成年了，又是個男人，就八成會了解。

那道理很簡單——

因為小趙受了傷害。

誰給他傷害？

當然是他的太太菲菲。

菲菲不是好好的嗎？還咯咯笑著，主動伸手挑逗小趙，她沒傷害小趙啊。

如果你這麼答，就是太不懂男人心理了。

有句話說得好——「白天抬不起頭，晚上就抬不起頭。」男人和女人不一樣，他必須「抬頭」，才能「辦事」。而抬頭最需要的是情趣和信心。如果他的信心受到打擊，當然不容易抬頭。

所以當股市崩盤時，許多男人的「性」會受影響；當一個男人失業，他也可能突然陽痿。那種「六點半」不是生理不行，而是心理造成的，所以醫學上稱為「心因性的陽痿」。

心因性陽痿

但你知道「心因性陽痿」多半是誰造成的嗎？

多半是性伴侶造成的啊！

而多數性伴侶造成心愛的人陽痿，居然還不自知。她們沒有意思傷害另一半，造成傷害對她自己沒好處。她只是在不知不覺中，因為一句話、一個動作或一個眼神，就造成嚴重的傷害。

好比菲菲，從小趙一進門，就說他口臭，臭得讓她作嘔、臭得令她迴避、臭得要小孩子都躲著，甚至連吃完晚餐，還覺得臭，而且說只怕全身都臭了。

她講得沒錯，她只是實話實說。問題是，許多傷害就是實話實說造成的，而實話實說總發生在最親近的人之間。

講話最毒的總是最親愛的人

「是啊！已經是夫妻了，何必裝呢？他是有口臭，我告訴他有什麼錯？他以後在外面吃東西會更小心，他也懂得用濃茶消除口臭，甚至上床之前去用漱口水漱口。這不是很好嗎？有什麼錯？」

但你有沒有想想，如果換做你，到上床之前還擔心自己口臭，還被老婆嘲笑。現在漱了口，老婆雖然說換成了藥味，暫時不臭了，你會不會心裡七上八下，惟恐兩個人親熱一半，那藥味消失，口臭又發生了呢？

如果你操心、不安，是不是容易造成注意力不集中，結果是——

小弟弟六點半。

更嚴重的是菲菲不但不懂男人心理，慢慢把低潮「引帶」到高潮，反而大喊「小弟弟不行了！」

她豈知今天這麼一件事，就可能造成丈夫長期的「不舉」？當他力不從心的時候，他會怨誰？恨誰？當他到外面，遇到個懂得男人心理的，被「帶起」之後，他會怎麼想？還有，如果這問題久久不能解決，夫妻是不是可能漸行漸遠，搞不好，小趙覺得菲菲傷了他的自尊，他對菲菲再也沒有「性趣」，兩個人最後離了婚。

好好的一家人，以離婚收場，可能就因為其中一個人不會講話，或講錯了一句話。

不可傷人自尊

說話最忌的，就是傷人自尊。譬如你和人打球，打得比他好，場場都贏，沒問題，他大不了覺得技不如你。但是你把拍子換到左手，說：「我用左手就能修理你」，那句話可能就嚴重了，因為你傷了他的自尊。

你和你的另一半親熱，他的表現不佳，你可以說：「沒關係，你今天一定是太累了，也可能是我自己今天太累，吸引力不夠，咱們改天。」但是相反的，如果你罵他為什麼不行，是不是到外面野了？是不是老了、衰了？甚至說：「報上登，男人這個年歲應該還能如何如何……」可就傷了他的自尊。

所以，即使是最親近的人，也有話可說、有話不可說；即使非說不可，也得找個最恰當的方式說。

多心的人

人是最敏感，也最擅長聯想的。

當你對一個女人說：「你最近愈來愈漂亮了。」

明明這是句恭維的話，她卻可能一瞪眼，回問你：

「我以前不漂亮嗎？」

當你對一個工人說：「你真不錯，愈來愈專業了。」他也可能猜想：「你是繞著彎來罵我，表示我以前不專業。」

他還可能當時不說，悶在肚子裡，隔了半天，才問你：「您是不是覺得我以前做的有什麼不對的？」

當你遇到一個影星，覺得她實在演得好，而奉承她：

「您真可以做張曼玉第二了。」

那影星可能立刻面露不豫地反問你：「我為什麼做張曼玉第二？不做我自己的第一？」

可怕的聯想

你一定聽過這個笑話——

某人演講，看見臺下零零落落，沒多少人，於是開玩笑地說：「咦？怎麼該來的全沒來。」臺下許多人一聽，心想你的意思是我們不該來，於是抬屁股走了。

某人一急，喊道：「怎麼不該走的又全走了。」

剩下的人心想：「意思是我們才應該走」結果也全走了。

這笑話表現了什麼？

表現了人們是會聯想的，許多傷人自尊心的話，都錯不在那句話本身，而在那句話讓人產生的聯想。

舉個例子——

太太辛辛苦苦，看食譜做了一盤蔥油餅，你一邊吃一邊叫好，接著問太太：「欸！你有沒有吃過我媽做的烙肉餅啊！」

你沒有惡意，只是吃蔥油餅，想到烙肉餅。問題是，聽在你太太耳裡，她會產生怎樣的聯想？只怕她會想：

「好哇！你是『吃在碗裡，望在鍋裡』，吃我的蔥油餅，卻想你媽的烙肉餅，你是嫌我的餅不如你媽的餅好吃，對不對？」

請問，你這幾句話不是非但沒拍上馬屁，反而拍在馬腿上了嗎？

問題是，你回頭想想，是不是常會在吃這個的時候聯想到那個，當你作東，還沒關係；如果是別人請你，不是你也惹主人不高興嗎？

以關心代替嫌棄

請不要感嘆說話太難了。要知道，當你懂得利用聯想的時候，也能有很好的效果。

譬如菲菲覺得丈夫口臭，應該提醒丈夫注意的時候，她可以很婉轉地一笑：「你今天中午吃了什麼好東西啊！」

小趙八成就能會意：「我是不是有口臭？」

這時候做太太的可以講：「不是口臭，是口氣。」然後關心地說：「如果不是吃了大蒜這些東西，就要想想是不是最近太累了，火氣大，我給你煮點退火的綠豆湯，再早點休息，就好了。」

你說，當她把嫌棄改成關心，感覺不是好太多了嗎？

使別人能聯想，最好的方法就是婉轉的暗示。這學問太大，請看下一章。

第十六章　你為什麼不早講？

你說你人不在家，是用手機接我的電話，
我說你一定撒謊，因為我才問過你媽媽。

故事一：

自從規定「開車持打手機」要罰，小潘就覺得很不方便。因為每天上下班，小潘一定得接電話，而且茲事體大，非接不可。

為了這個，小潘特別去買了一個附耳機的手機，電話鈴一響，就趕緊把耳機戴上。不過這也很不方便，甚至可以說危險。因為電話響，總先心頭一驚，急著抓耳機，往耳裡塞，又常手忙腳亂塞不進去，有兩回差點沒抓穩方向盤，出了車禍。

所幸又出了個新產品，總算解決了小潘的問題。那是個手機的擴音器，只要設定自動接聽，電話響一聲，不用按「接聽鈕」，就可以像和身邊的人一樣——「對講」。

這一天小潘在上班的路上，對講得正開心，突然看見路邊有輛車拋錨，開車的女人直搖手，居然是自己老婆。於是匆匆忙忙撂下一句：「對不起，我要停車，等下再談。」就把車停在路邊。

「老婆怎麼啦？」

「怎麼啦？你沒看見嗎？輪胎爆了。」

「我打電話叫車行派人來修。」小潘說。

「不行不行，我今天早上開會，你送我一程吧！」

太太的命令豈敢違背，小潘趕緊陪太太上了自己的車，還叮囑太太綁安全帶。星期一，交通特別擠，怎麼鑽都快不了，太太還直發急。

突然電話響，立刻自動接通了。

「喂！」一個女人的聲音。

「喂！」小潘心一驚，不知道怎麼答。

「喂什麼喂？」那頭女人發飆了：「是我啊！你怎麼搞的？出了什麼事啊？」又換成嬌滴滴的聲音：「你到底過來不過來嘛？」

啪！一記耳光從旁邊飛過來。

故事二：

「嘉娟！你還沒睡啊？」

「爸爸，我哪兒有那麼早睡啊，而且我正想打電話給您呢！」

「打電話給我？什麼事？」

「問您什麼時候回來啊！舊金山現在的天氣好舒服唷，您快點來吧！我天天看衛星新聞，臺灣好熱啊！」

「我不怕熱，我還不想過去，一個人在這兒清靜。」

「清靜？您不寂寞嗎？」

「我才不寂寞呢！和幾個老同事聚聚，好極了，比回去和你娘在一塊兒，耳根不得清靜，好多了。」頓了頓：「喂！嘉娟，你可別和你媽說我嫌她，你就說我有老同學聚會，現在還走不開。怎麼樣？你老娘還好吧？」

「好啊！」嘉娟一笑：「您要不要問她？她正在聽分機。」接著喊：「媽！您自己跟爸說吧！」

老太太沒說，在那頭把電話掛了。

故事三：

「老闆好！」

「不好！我告訴你，等會兒兩點鐘汪老頭要來，他來沒好事，你小心應付，就說我突然牙疼，又聯絡不上他，叫他改天再來。」

「他要是問您到哪個牙科，我怎麼說？」

「那……那你就說我不舒服，去看病，不知道去哪家好了。」臨掛電話，張總又叮囑書：「還有，老汪喜歡東翻翻西翻翻，可別讓他進我辦公室，翻我桌上的東西。」
「他不會翻的！您放心。」祕書得意地說。
「你怎麼知道他不會翻？」
「我已經給他幾本雜誌，他正坐在我對面看《花花公子》呢！」

有話好說

看了上面三個故事，你大概要笑「他們都太笨了」。
問題是，這世上不是有太多人，都犯了這種笨毛病嗎？
你帶朋友回家，看電話有留言，想都不想就按下鍵，播出的留言正好在罵你那朋友。
你就不能等朋友走了，或等他進洗手間的時候再聽嗎？
你和朋友聊天，他一個一個罵，罵到你最親近的人，你不吭氣，聽他罵，到後來有人提醒罵的人，你和被罵者的關係，場面立刻變得十分尷尬，就算當時沒人說，他以後知道了，又能不猜你會告狀，於是造成更緊張的關係嗎？

搶一步說話

說話多半要禮讓，給對方空間，讓人家說，別打斷他的話。

但是在某些情況，你卻得主動插話，把事情說清楚、把話題岔開，或是搶先發言。

記得有一次我下午兩點鐘接到女兒校長的電話。

「我是小帆的校長，沒什麼急事。」那校長先很快地這麼說，然後才一笑：「我打電話是向你報告，你的女兒得獎了。」

我後來細想，那校長前面說的兩句話真有學問。為什麼？

因為他知道家長在上課時間接到學校電話，一定會大吃一驚，猜孩子是不是出了什麼意外。

所以，他要搶話，在我血壓上升之前，先告訴我：「沒有什麼急事。」

您有沒有兩分鐘？

我也記得有一次到百貨公司，看見賣化妝品的小姐各自發揮本事促銷。

有的小姐問：「要不要給您介紹最新的產品？」

有的小姐問：「太太！您的皮膚最需要這種保養品了，來試試吧！」

有的小姐說：「小姐！您的眼妝如果用我們這種眼影，一定會更美。」

說實話，她們講得都不錯，抓住人們嘗新、抗衰和愛美的心理。

但是我發覺那邊生意最好的一個櫃臺，裡面幾位售貨小姐最高明，坐在她們前面接受化妝的人也特別多。

你猜，她們怎麼把人拉過去？

她們說得很簡單——

「小姐！您有沒有兩分鐘，讓我為您補補妝。」

多高明啊！她不批評顧客原來的妝，只說補補妝，免得引人反感；她也不說要你買，或用你許多時間，而強調：「您有沒有兩分鐘？」

先探虛實

「對不起！耽誤您兩分鐘。」

「對不起！你是不是還在忙？」

「用您兩分鐘，向您報告一件事，不知道行不行？」

「不知道我現在說話方便不方便？」

這都是很平常的話，卻可能有大效果。

你想想，如果你正忙，有朋友來電，你剛要說改天再談吧，他卻先開口了——「只用兩分鐘」，你是不是可能想大不了兩分鐘，看他好像很急，就耐著性子聽了呢？

結果兩分鐘讓你聽得高興，延長到十分鐘，只怕你還主動對他說：「別急，我還有時間。」

於是許多原本辦不成的事，就這樣辦成了。

你方便不方便？

同樣的道理，當你不確定對方情況，先問：「您現在說話方便不方便？」也能避免許多困擾。

像小潘的女朋友，如果耐不住性子，打電話給小潘，先問這麼一句，然後小潘說不方便，掛了電話。就算潘太太疑心，也不至於一巴掌打過去啊！

此外，小潘如果一接電話，能搶先一步說：「對不起，我現在不方便講話。」對方機伶一點，不是也沒事嗎？

小心我用對講機

有些情況，是不能不搶話的。

譬如你在家，因為手上忙，於是用電話對講機，除了你，四周的人也能聽到你們的談話，這種情況下，你就應該搶先告訴對方：「我現在用對講。」

你絕對不能在發現對方的話，可能不適於旁邊人聽的時候才提醒，因為那時已經造成了損害，而且往往是大損害。

每個人都會感激別人在背後讚美自己，也都特別痛恨那些在背地說小話的人。

想想，前面故事裡的嘉娟，沒能一接電話，就告訴自己老爸「媽媽在分機聽」，那老太太聽到丈夫對女兒罵自己，能不血壓上升嗎？

再想想，張總的祕書，明知道老闆最討厭的汪老頭在對面（只怕正虎視眈眈地盯著她），卻第一句話就讓汪老頭知道來電的是張總，已經就不高明了。

豈止如此？她竟然不但不能搶一句，暗示汪老頭提早到了，還與張總對答，而且對答的內容讓汪老頭猜得到。

汪老頭能不火大嗎？

隔牆有耳

在今天這個工商社會，你接任何電話，只要旁邊有相關的人，除非你存心讓那人知道，否則都應該使用技巧，不讓那人聽出來是誰來電。

在安靜的地方你應該把話筒貼緊耳朵，免得耳尖的人聽到談話內容。

你更不能在對方談到「那人」時，用閃爍的眼神偷偷看那個人。

在今天，當你打電話給朋友，對方不稱呼你名字，或語氣特殊的時候，你也應該有警覺，主動問他：「你現在是不是不方便說話？」而當你發現接電話的人用極小聲接聽時，則應該猜想他正在開會、探病、參加喪禮或在圖書館，而主動了解狀況，快快掛電話。

還有，電話才響，對方就接聽的時候，你要主動問對方是不是急著等別人電話。至於鈴響許久，對方才接聽時，你則要問他是不是在忙，或自己是「插撥」進去。

一個會說話的人，總能探知對方的想法；一個會打電話的人，總要猜測對方當時的環境。只有在適當的心情與環境中，才能把話說到心窩裡。

第十七章　向左轉向右轉

有飯粒掛在你的嘴角，
我只要指指我的嘴角。

故事一：MP3事件

砰一聲，門被踹開了。衝進一批警察，也不管學生們的阻擋，就把桌上的電腦和各種文件全部收走。這還不夠，又打開抽屜、掀開床鋪，把能找到的片紙隻字，全裝進箱子，當場由檢察官封好，一聲令下，帶走！

消息在校園傳開了，更透過網路，不到兩個小時，讓全國的大學生都跳了起來。

「這簡直是警察國家嘛！什麼叫『校園自治』？政府憑什麼來搜我們學生的東西？全世界的學生都在下載MP3的音樂，我們只是自己欣賞，為什麼要抓我們？」

憤怒的學生立刻團結起來，連署抗爭，而且到教育部遞陳情書。

教育部長出面了。他不像平常面對學生時的笑容可掬，而換成了面罩寒霜，嚴肅地對學生說：

「你們如果侵犯智慧財產權，違法就是違法，怎麼連署都是不對的！」

＊

消息經媒體報導，全國大學的校園都沸騰了，學生們密集聚會，商量對策，準備做更大規模的抗爭。

教育部裡也開了緊急會議，商量如何安撫學生不穩的情緒。
教育部長又邀集各新聞媒體，發表談話。
這次他笑了，笑著以很肯定的口氣說：
「我一定會盡最大的努力，為學生爭取他們應有的權益。」

故事二：撞機事件

一架美國偵察機，在南海與中國的軍機擦撞，軍機失速墜毀，偵察機也受損而迫降在海南島機場。
「美國偵察機多次惡意侵入我們領空，我們早警告他們，這次這架偵察機是存心突然轉向，看那擦撞的位置就知道，是美國人不對，他們一定要道歉。」
「我們是在公海上飛行，這是我們的權利，他們干擾我們飛行，而且故意貼著我們的機腹飛，才造成意外。我們可以出示以前拍的錄影帶，看他們戰機飛得有多近。」
雙方各執一詞，僵持不下。
美國的媒體天天報導這件事，更出動記者到「中國城」做訪問，問華裔美人的想法。
當然撞機事件也成為辦公室裡談話的題材，只是許多白人談著談著，只要看見華人同事出現，就立刻彼此使個眼色，沒了聲音。

*

小強是美國公司的職員，他跑去向老父訴苦：「我成了邊緣人，我向著中國，認為是美國人錯，美國政府應該道歉，可是我怎麼說呢？我可不願撒謊。」

老父一笑：

「你當然不能撒謊。」

「可是不撒謊，我就會得罪大家，以後混不下去。」

「這簡單嘛！」老父拍拍兒子：「你碰到美國人，就說『沒錯當然不用道歉，有錯才要道歉。』記住！在說的時候要把第一句說得特別大聲。」笑笑：「但是碰上咱們中國同胞……」

「我可不願做兩面人。」小強打斷老父的話。

「欸！我沒教你做兩面人哪！」老父又拍拍小強：「你一個字不用改，只要翻過來說『有錯當然要道歉，沒錯才不用道歉。』而且把上一句說得斬釘截鐵，不就表達咱們的立場了嗎？」

故事三：整頓金融事件

號稱要打倒過去一切腐敗的新政府上臺了。

面對舊政府賄選、貪污、利益輸送、官商勾結造成的許多問題，新上臺的經濟部長發表談話，一個字一個字地宣示新政府的決心和魄力：

「對於那些體質不健全的企業，該倒的就讓它倒。」

民心大快，商界卻譁然，股市連著狂瀉。

新總統出來講話了：

「經濟部長說的很對，政府要努力幫助企業，不該倒的，就不要讓它倒！」

故事四：老婆發飆事件

美國核子潛艇因為長期在海底，很怕艇上官兵的情緒不穩，出問題，造成大禍，所以任何家屬要和艇上人員通訊，都得透過電報，而且電報內容要先經過審核。

一個艇員的太太原本以為結婚紀念日，丈夫會好好表示，即使不送禮，也發封電報回家，沒想到那糊塗老公居然忘得一乾二淨。

這太太火大了，寫了封教訓的信給丈夫。正要發，突然想到「不成！這樣會過不了關，老公根本收不到。」於是把信撕掉，重寫一封：

「親愛的老公！謝謝你那麼細心、那麼體貼，還能記得我們的結婚紀念日，送我一克拉的鑽戒，好愛你！親愛的！」

幾天後，回信來了：

「親愛的老婆，你真神，怎麼寄在路上的鑽戒，你能夠事先就猜到呢！你聰明的老公上。」

有話好說

同樣一件事，你可以硬說，也可以軟說；可以「正著說」，也可以「反著說」。這當中的運用，就是說話的技巧——

譬如，有一天你趕時間，又不好對開車送你的朋友直說，你可以一上車就問：

「走哪條路最不堵車？」

他如果敏感，自然會回問：「你是不是趕時間？」

反話正說

又譬如你跟個朋友做生意，因為是朋友，而且初次交易，覺得話不能說得太硬，但是怕他不準時交件，於是你說：「只要您準時交件，我絕不會少您一文錢。」

他自然能會意，你言下之意是：

「只要你不準時交件，我一定扣錢。」

明話暗說

提到準時交件，使我想起有個出版社向我邀稿，而且急如星火，我準時交件了，書也出版了，而且上了暢銷書排行榜，只是對方非但沒有如約定地付我稿費，連書都沒寄給我。

我實在有點不高興，想打電話罵他：「書早出版，都上排行榜了，為什麼卻沒給我寄一本來呢？」

但是接著，我想那樣說，實在有傷情面，還是換個說法吧，所以打電話過去，先問問對方好不好，再問書出了沒有。那書的宣傳大極了，我怎可能不知道？他又怎能認為我不知道？只是彼此心照不宣。

沒幾天，我收到他的掛號郵包，稿費也入了帳。

三思而言

古人說：「三思而行。」也可以講：「三思而言。」同一句話，你不但要三思，而且應該想三種說法，舉個例子：

你覺得太太臉太蒼白了，應該化化妝。

你能直說：「你臉太蒼白」嗎？還是問：「你為什麼不化妝？」

抑或，你用正面講法：「你可以化化妝。」

甚至更技巧一點，說：「太太啊！如果你再化點淡妝，一定會更美。」

*

同樣的道理，你的孩子不用功，你是劈頭就罵：「你太不用功！」還是用問句：「你為什麼不努力一點？」

抑或換個句子——「其實你只要稍稍加把勁，成績一定就會上去。」

今話昔說

還有一個方法，是用「對比法」。譬如——

你覺得太太最近實在像「吹氣」似的，愈來愈胖，卻又怕傷她自尊心，不敢直說：「你太胖了！該節食了。」

於是你換個方法說：

「和今年比起來，你去年瘦得多。」

她聽了自然心裡有數，你是說她今年胖得多，恐怕成汽油桶，該少吃一點了。

旁敲側擊

再舉個更妙的例子。

我有個朋友到大陸旅遊，什麼都新鮮、什麼都好玩，歸期一延再延，一副樂不思蜀的樣子。

他太太一個人在臺灣管家裡生意，火大極了，對著婆婆抱怨：「他也不想想家裡有多忙，說是五號回來，今天都二號了，還沒確定，我要打個電話去問他，到底準不準時回來？我一個人扛那麼大的公司，要扛不住了！」

婆婆一笑：「我也急，但是何必那麼問呢？你可以換個方法啊！」

於是那太太照婆婆教的，打了電話去，語氣非但不硬，還十分溫柔：

「我真是怕你買太多東西，行李太多，要不要五號晚上七點，安排一輛大一點的車去接你？因為公司忙得我暈頭轉向，得早點安排這事。」

你說，多妙啊！她把要問的事全問了、要說的事也全說了。卻讓丈夫感覺那麼窩心。

所以把話說到心窩裡，不難！最重要的就是——

以關懷代替質問，以建議代替責難，以暗示代替直言。

第十八章　媽媽桑萬歲

「你比大家都棒！」
這句話由太太嘴裡說出來，
遠不如由妓女嘴裡說出來。

「小弟十幾年沒回國，沒想到您對我的情況這麼了解。」殷博士舉起酒杯：「敬大嫂、敬大嫂！」

「我對您當然了解，因為我老公總把您掛在嘴上嘛！」王董事長夫人看著丈夫笑：「對不對？」

董事長沒答，點點頭，笑得有點尷尬。

殷博士倒大聲笑了起來，看看王董，又看看王董夫人，歪著頭問：「學長不是數落我吧？」

「哪敢？哪敢？」王董揮手叫了起來。

王董夫人打斷話：「是啊！他哪兒敢？他是佩服您，常說您比他小八歲，又同是麻省理工學院畢業的，但是您今天的成就大多了，對了，是前天吧？前天晚上我們家王老頭還躺在床上扳手指頭算呢！說他在您這個年歲，還在為人打工。」

「學長是太客氣了，八年前還為人打工，現在產品卻行銷全球，這不是成就是什麼？」

「唉！老弟啊！」王董拍拍殷博士：「您別糗我好不好？我還是在為人打工啊！代工不是打工，是什麼？除非像您，發明突破性的產品……」

「敬酒、敬酒！」殷博士舉起酒杯，打斷了王董的話：「等會兒還要到貴公司參觀呢！」

＊

出電梯，王董倒退著步子：「殷博士請！」

突然間，坐在辦公室裡的人全站了起來，有個大膽的小姐急著問：「董事長！這位就是發明新壓縮技術的殷博士啊！」

「對！」

才一個「對」字，整個辦公室裡的人全叫了起來，剛才問話的小姐還摀著嘴尖叫：「殷博士！我最崇拜你了。」

參觀完生產線，回到王董辦公室，剛坐下，就聽外面鬧烘烘，原來好幾個業務部的小姐要請殷博士簽名。

「真不像話、真不像話！」王董直搖手：「殷博士才回國，改天再來麻煩他。」

「沒關係、沒關係！」還是殷博士親切，自己走了出去，為幾個小姐簽了名，還握了握手。

就見那幾個女生興奮地跳：「回家不洗手了。」

殷博士則笑著搖搖頭：「真搞不懂，我怎麼一下子變成明星了。」

「您當然是明星。」幾個小姐都離開了，還轉身喊：「我們董事長常提起您是臺灣之光，只有像您這樣的人，才能讓我們有一天超越美國。」

＊

晚餐是在王董常去的一個江浙館子。

大概十幾年都在那兒宴客，裡面的人全熟，一一過來跟王董哈啦，王董少不得介紹殷博士，但都被殷博士攔住了。王董知道殷博士是一天到晚窩在實驗室的人，行事低調，也就沒多說。

倒是那餐廳的錢副理，對殷博士十分好奇，直問東問西的。

「錢小姐是這兒的老人了，從小丫頭就在這兒。」王董笑著介紹。

「現在成老丫頭了！」錢小姐笑出兩個深深的酒窩：「多年來，全靠王董的照顧。」

「什麼話？你是靠你漂亮又能幹。」說一半，外頭喊有王董電話，只好向殷博士告個罪，出去接電話。

這下錢小姐可有機會了，靠著殷博士的椅背，跟殷博士搭訕：「您是哪兒的博士啊？」

「我和王董是前後期同學，ＭＩＴ的。」

「噢！」錢小姐眼睛睜得大大的，又嗯了一聲，點點頭：「怪不得，您也像王董一樣，沒架子。」又放小聲：「你是不是要到王董公司工作啊？我告訴你，他棒透了，我認識他十幾年，沒聽過一個職員說他不好。他啊！雖然不太會應酬，卻是我見過最努力、最實在、又最有義氣的人……」抬頭，往外瞄一眼：「他回來了，我不說了、我不說了！」

＊

「你是不是在說我壞話啊？」王董笑嘻嘻地進來，盯著錢小姐問。

「她沒說你壞話，是說你好話，問我是不是要到你公司上班。」

王董臉一下子紅了：「什麼？喂！錢小姐，你知道他是誰嗎？我還求著要到他那兒上班呢！」

「什麼話、什麼話！」殷博士把王董的肩膀按下來，舉起酒杯：「來！敬老學長，為咱們今後的合作乾杯，我的新技術，決定交給您了！」

有話好說

回頭想想，王董從頭到尾，沒有 push 一點點，他確實想取得殷博士最新的專利技術，但是他不像別的生意人，一個勁兒地催促。他知道殷博士是學術界的人，不喜歡那一套。

但是為什麼他沒說，殷博士反而主動交給他了呢？

王董就是這一點高啊！

最高明的「說話人」，不見得都是自己說，他可以如我在《把話說到心窩裡1》講的，透過副手或身邊的人去放話，把狠話傳到「對方」的耳裡。

他也可以不透過自己，而用別人的話印證自己的「好話」。

王董正是如此，他透過自己太太、透過職員，甚至透過餐廳的小姐，把話傳到殷博士耳裡。

背地說話

自己說話，人家可以認為是吹牛。但透過別人的嘴來證明，就不是吹牛了。

非但不是吹牛，別人的話還有個效果，就是「背地話」的效果。

想想，你如果聽人背地說你壞，你是不是加倍恨他？相反地，當王董在背地，對職員、對家人，都讚美殷博士的時候，殷博士聽在耳裡，是不是也就加倍窩心？

王董甚至躺在床上，都讚美殷博士，這是王太太說的，能有假嗎？

還有，那餐廳的錢小姐，不知道殷博士是何方神聖，居然也背後說王董好，她跟王董認識十幾年了，她的觀察錯得了嗎？

媽媽桑文化

你或許要問，難道王董早都安排好了？叮囑太太要怎麼說、錢小姐該怎麼講？錯了！你要知道，真正會講話的老婆和職員，他們自然懂得如何跟老公和老闆唱和。至於那餐廳領班、酒廊領檯小姐，更是深諳此道——

遇到你生意上的夥伴，她會說你平常私下跟別的朋友聚會總讚美他。遇上你的部屬，她會說：「你老闆雖然脾氣不好，兇了一點，常得罪人，可是私底下非常關心員工，尤其欣賞『您』，好像還聽他說要特別重用『您』呢！」

於是原來白天談不成的生意，酒過三巡，雙方都有些醉意、說話也愈來愈沒遮攔的時候，媽媽桑再一「推」，事情就成了。那些心懷不滿的員工，幾杯酒下肚，發發牢騷之後，又聽媽媽桑這麼一說，就豁然開朗了。

至於夫妻之間的唱和與默契，以及政界的「借話技術」，就更有學問了，請看下面兩章。

第十九章　請找我的代言人

學生在背後還稱你老師，
你必定是個成功的老師。

故事一：班寶久仰了

「以前開同學會，就數他們神，現在就數他們怪。」小于一進門就搖頭。

「誰怪啊？」于太太問。

「班寶啊！」

「什麼班寶不班寶？我又不認得你那些同學。」

「就是我以前班上的一對，那女生年輕時候漂亮極了，才大一，就被班上小包追去。小包又高又帥，功課又棒，因為是郎才女貌，所以大家管他們叫『班寶』。」

「那女生既然漂亮極了，你當初為什麼不追呢？」

「我要追啊！可是慢一步，讓小包搶先了啊！不過幸虧沒追上，我看哪！紅顏禍水，小包是一等一的人才，可是娶了她，卻做什麼垮什麼，現在大家都不錯，就數他們可憐。大概因為以前比誰都強，現在比誰都差，所以怪吧！講話老是酸溜溜的，今天私底下還跟我開口……」

正說呢，突然電話響，于太太過去接：

「您是哪一位？小包？哦！我知道了，您是小于的同學，班寶對不對？我當然知道，小于早就跟我說他大學班上有一對，郎才女貌，人見人羨。哪兒的話？您是客氣，什麼時候來寒舍玩兒啊？」抬頭看小于，小于搖搖頭。于太太就繼續說：「您找小于啊！他還沒進門！」

故事二：孩子重要

砰砰砰！「什麼聲音？」老劉嚇一跳。

「洗衣機啦！洗得少，沒擺好，脫水的時候就這樣。」劉太太衝到陽臺，把機器關了，伸手進去：「我擺擺平，不要一邊重一邊輕，就不會吵了。」

小劉拿著報紙跟過去：「你今天這麼晚洗衣服幹嘛？你不是都上午洗嗎？衣服又不多，急什麼？」

「當然急！」機器又轟隆隆地轉起來，劉太太轉身，把丈夫推進屋。放小聲：「朱大媽的兩個孩子都感冒了，發高燒，三天都沒退，我不知道，跑去收會錢，她還請我坐，給我倒水，我哪敢喝啊？逃都來不及了。回家就把衣服全脫了，又怕細菌死不掉，傳染上你們，所以乾脆洗掉。」

「咱們大毛不是常和朱家的孩子玩嗎？」

「是啊！幸虧這兩天她孩子生病，沒在一起，我已經叮囑大毛了，離他們遠點，他那兩個孩子八成得的是正流行的新型病毒，傳染上就得連燒七十二小時，你說可怕不可怕？」

電話突然響，劉太太過去，正要接，看見「顯示來電」是朱太太，眼睛一瞪：「糟了！我忘了，她今天沒現錢，說晚上叫她先生去提款機提，現在八成要送來。」

「沒關係，我來。」小劉一笑，把電話接起來：「喂，是朱太太啊！對了，孩子好點了吧？聽我太太說您兩位公子有點不舒服，挺為您操心的，不過我才看報上登，這陣子的流行性感冒，雖然發燒不容易退，可是不會有什麼大礙，三天之後自然就退了，您公子怎麼樣？噢！明天一定就好了。會錢？什麼會錢？哎呀！這不急嘛！您好好照顧孩子，我太太明天再去您府上拿好了。」

突然旁邊伸出手，把話筒搶了去：

「喂！朱太太啊！您交給巷口老闆娘就成了，她離您近，我明天會去她那裡。」

電話掛上，又狠狠給丈夫一巴掌：

「你敢情要我再洗一次衣服？」

有話好說

談到「幫腔」和「美言」，一般人都會想，是由太太幫丈夫。其實如前面兩個故事，太太可以幫先生，先生也能幫太太。

未經套招的真言

當別人打電話找你的另一半。沒錯！你是可以立刻把電話交給他。但是如果你是會說話的人，何嘗不能藉這個機會，為另一半做點公關。

電話是突然來的，你不可能事先準備，你們兩口子也不可能在幾秒鐘內套招。這時你說的話，格外讓對方信任。

可不是嗎？當小于的太太說小于常提班寶是郎才女貌、人見人羡的一對時，聽在對方的耳裡，心想：「小于居然私下向他太太讚美我們。」他能不高興嗎？

尤其對於失意人，今天他不如意，你還能記得他的優點，特別令他感動。

雪中送炭的話

同樣的道理，當朱太太聽到劉先生一接電話，先問她孩子的病情，又安慰她，說不會有大礙，明天一定好；還叫她別急著送會錢，好好照顧孩子的時候，也一定有雪中送炭的感覺。哪個父母，當孩子生病，不知所措的時候，聽見朋友說：「我清楚這種病，不會有大礙。」能不覺得像在茫茫大海裡抓住一截浮木？

朱太太也一定會感激劉太太，因為劉先生的話，證明她一定回家對丈夫說了，否則劉先生不可能編得出來。

人分親疏，話分內外

當然，那些聽話覺得貼心的人，都不知道對方私底下是怎麼說的，因為說話的人已經把負面改為正面。

人都一樣，在人前與人後，可以說兩種不同的話。前一刻他在家裡還損別人，叫「王矮子」、「孫豬頭」、「醜丫頭」，後一刻，碰上那些人，又立刻改成「王先生」、「孫老闆」、「某小姐」。連小學生都懂得把爸爸媽媽講的「混蛋人」，改成某伯伯、某伯母。

看對象、分親疏、別內外，幾乎成為人們說話的本能。問題是，只有那真會說話的人，才知道怎麼把私房話當中的材料，經過選擇，變成「動聽的言語」。

用情不是矯情

或許你要責怪這太矯情。只是我問你，你敢說自己講話，在人前人後完全一樣嗎？如果你能像前面故事中的于太太和劉先生，把「讚美」與「關懷」提煉出來，讓對方高興、幫朋友解憂，這矯情不是比你直言好上千萬倍嗎？

「用情」不是「矯情」，能多花點心思說讓人窩心的話，就是一種「情」的表現。

第二十章　肚臍上的金環子

作文最容易的開頭是「古人說」，
吵架最簡單的開頭是「他媽的」。

放下電話，美美嘆口氣，正好讓婆婆看見了：

「什麼事啊？又有同學在九一一死啦？」

搖搖頭：「沒有，沒什麼事。」看婆婆憂心忡忡的樣子，美美笑笑：「不是壞事，是好事，我大學最要好的同學在美國結婚了，要回來度蜜月。」

「這是好事啊！你幹嘛嘆氣呢？」婆婆鬆口氣：「前幾個禮拜看你天天哭，聽說又有美國電話，我都怕了。」

「我嘆氣是因為這個同學在臺灣沒有親人，問能不能在咱們家住十天。」

「住啊！」婆婆眼睛一亮：「我就喜歡有人來，陪我聊天。」

「可我不想招呼她那麼久啊！」美美嘟著嘴：「好同學是好同學，可是住家裡，不能不招呼，還是挺累的。」

「那簡單嘛！」婆婆一揮手：「你就說你婆婆難纏，不行！」

「不行……」美美猶豫著：「又說不過去。」

「那就讓她住五天吧！」婆婆原本走了，又轉身回來：「但是說話技巧一點兒。」

＊

當天晚上，美美就打電話去了美國：

「小青啊！我先生說歡迎，可是……可是，我得跟你直說，希望你別介意。」突然放小聲：「你知道，我是跟婆婆和小姑一塊兒住，我小姑還沒嫁，老人家很迷信，一天到晚怕我小姑嫁不掉，唯恐別人搶走了家裡的喜氣。所以……所以，我招呼你住五天好不好？另外五天……」

「沒問題！」美美還沒說完，小青已經興奮地叫了：「太好了，另外五天我自己想辦法。」

＊

小青來了，帶著她的洋老公。

看到小青的第一眼，美美嚇一跳，天哪！超短的迷你裙，上面穿個小肚兜，肚臍眼上還打了個洞，穿了個金環子。

婆婆也傻眼了。不過奇怪，老人家反而像看熱鬧似的，一點都不排斥，還直伸手去摸小青的肚臍環，一個勁地叫有意思。

「婆婆好開明嘛！您覺得有意思啊？來！麥克，給婆婆見識見識！」

就見她洋老公對著婆婆一張嘴，伸出大舌頭。

「噢！這兒也掛個環子！」婆婆的眼珠子差點掉出來。

＊

「媽怎麼這麼老三八，你叫小青怎麼想？她怎麼信我婆婆保守，只招待她住五天。」晚上美美對丈夫抱怨：「而且，寶寶都受了影響，居然腆個肚皮，說他也要穿肚臍環。」

「嗯！」丈夫低頭想了一陣，又抬頭說：「你這樣嘛！讓我做壞人，你就跟小青說，你老公沒見過世面，色瞇瞇的，羨慕她那樣性感，叫你也去裝。」

「她就建議我也去裝，怎麼辦？」

「簡單嘛！你就說你不願意，叫她穿保守點，免得我一看到，就想起來。」

＊

這招真管用，小青果然換了長一點的上衣，把肚皮遮住了，迷你裙也換成了長褲。只是看到美美的丈夫就笑，笑得怪怪的。

還有那寶寶，總是拉著阿姨，要看肚子上的圈圈。

雖然生活方式有點不同，小青來的這幾天，家裡還真增加許多笑聲，加上小青會做人，左一聲婆婆、右一聲婆婆，帶著老太太出去吃館子，又送一堆時髦玩意給小姑子，還掏出好多奇形怪狀的糖果給寶寶。那麥克則跟美美的丈夫天天去打桌球，眼看五天要到了，小青在那兒打包，一家人還好像有點依依不捨。

「挺逗的。」婆婆居然自己來找美美：「讓他們多住幾天吧！」

「是啊！」丈夫也說：「一點都不煩，他們自己管自己，好像還管了咱們呢！」

＊

「好消息！」美美去敲小青房門：「我婆婆說了，她好喜歡你們，要你們留下來。」

「真的啊！」就見小青從床上尖叫著跳下來把美美緊緊摟著，又接著跑去婆婆房間，把婆婆從床上抱起來，摟著打了幾個轉。

「不行、不行！」美美急著過去：「醫生說了，我婆婆有骨質疏鬆症，不能這樣。」把小青拉回小青房間，又抬頭看看窗子，不好意思地說：「還有啊！晚上要記得拉窗帘，這裡不比你們美國住宅區，院子大、街寬，誰也看不見誰，你瞧瞧！前窗貼後窗，你在屋裡穿這麼少，怕鄰居說話。」

「噢！」小青趕快過去把窗帘拉上，可又觸電似地，回頭，把窗帘一下子拉開，故意在窗前扭了扭：「有人要看嗎？來呀！好看唷！」接著，唰一聲，把窗帘又拉了起來，大家笑成一團。

＊

十天過去了，小青走的那天，婆婆居然紅了眼眶，拉著小青的手：「你走了，我又沒人聊天逛街了。」麥克則跟美美的丈夫，臨上飛機，又去打了一場球。寶寶更是哇哇直哭。

連小姑都依依不捨，跟小青擁抱了一番。

「這是給你的。」小青一邊擁抱，一邊把一個紅包塞在小姑的手上。

「這是什麼意思？」小姑把紅包塞回去：「不能拿、不能拿！」

「一定要拿！」小青笑道：「我媽特別從美國打電話來，叮囑我，說這是把我的喜氣分給你，祝你早日找到好對象，你是非拿不可的！」又低頭，小聲問：「怎麼樣，你裝了嗎？」

「今天早上裝的！」小姑把上衣一拉：「瞧！二十四K金的，大家都說好看！」

有話好說

故事說完了，你猜，我要講的說話技巧是什麼？

是「借用」他人的話，也是「找藉口」的方法。

回頭看看，從頭到尾，美美用了多少藉口？

明明是她不願意，她說因為婆婆迷信，後來明明是她同意了，她又藉口說「婆婆鬆了口」。

肚皮上穿環子，明明是美美怕寶寶學，可是藉老公做文章，說怕老公色瞇瞇，又怕丈夫叫她也穿環子。

窗帘不拉，明明是美美看不順眼，卻藉口說怕鄰居說話。

到後來，小青要走了，也用了藉口，「借她自己媽媽的口」說她媽媽特別從美國打長途電話，要她送紅包給美美的小姑。

那小姑更妙，跟小青學，偷偷去裝了肚臍環，才裝幾個鐘頭，卻也「借別人的口」說：「大家都說好看！」

古人說得好……

「藉口」，實在是說話最常用的技巧。

學生寫作文，動不動就說「古人說」；開頭不知道怎麼寫，就翻「名言錄」，照抄一段——

「孔子說、莊子說、凱撒大帝說、林肯說、國父說……」

好像古人、名人一說，自己跟下來說，就言之成理了。

一點也沒錯！

當你引用別人的話的時候，首先，它就使你不孤立，表示不但你說，別人也同意；或別人這麼說，你只是加以發揮。

拉攏人心

其次，你引用別人的話，有個好處，就是把那些人拉在你的同一陣線。

不信你看！電視座談節目，各派系都有代表，還有學者專家參加，你原來不知專家「往哪一邊站」。又不知黨派之間，就當天的議題，是否有共識。

但是你只要聽一陣，某人開口說「前面某某說得不錯」、「我認同前面某某的看法」，立刻形勢分明。不是嗎？

更重要的發揮，是在一群人競選，誰也不讓誰的情況下，你可以用「同意別人說法」的方式來減少對手、拉攏人心。

我就親眼見到，在一個「大學社團負責人研習會」裡，選舉領導人的時候，每個人都代表他的學校，都希望能選上，都鼓如簧之舌，說自己有多能幹，當選之後會如何努力。只有其中一人，他最後發言，沒有多說他自己的想法，反而不斷提到前面別人的「政見」，說他很同意，如果自己當選，一定要照著去做。

最後要投票了，大多數人把票投給自己，但是也有些人看看情勢，心想自己表現不如別人，絕對當選不了，於是把票投給別人。

投給誰？

投給那政見與他相左的嗎？使他被壓在下面？

還是投給同意他政見，當選之後還可能向他請益、成為合作者的人？

當然是後者！

指桑罵槐

「藉口」還有個好處，就是「詭文而譎諫」，明明是你說的，你卻說「有人這麼說」。你是把話當面說了，但是聽話的如果不同意，要發怒，也不會發到你頭上。你可以不認帳，說「別人這麼說」，你只是提出來供他參考。

話說回來，聽話的人也可能猜到「你只是藉口，借別人之口，說你自己的話」，於是他也可以說：

「是誰說的？你告訴他，叫他小心一點，我會修理他！」

豈不是「指桑罵槐」，能不當面撕破臉，而表明他的立場嗎？

國王的新衣

「藉口」更可以藉「公正第三者」的口說話。

譬如你丈夫總出差，不在家，你自己不抱怨，只淡淡地說：

「今天孩子說了，爸爸好像家裡的客人，家好像成了旅館。」

又譬如你的同事，一喝酒，就亂說話，你想勸他，而不直說，藉你太太的口：

「我太太說，小王好可愛唷，平常不苟言笑，三杯下肚，就變得好親切，什麼都說，好多她原來不知道的，一下子，她全知道了。」

他扮黑臉，你扮白臉

還有，最常見的——太太把菜端上桌，她還在廚房忙，你和孩子先吃了。

天哪！菜一入口，嚇一跳，怎麼這麼鹹？你和孩子都齜牙咧嘴，但是你不說，等著孩子說。

「好鹹唷！」孩子沒心沒肺，先喊了。

你卻嘗一嘗說：「還好嘛！可能對孩子鹹了點。」

這也是藉口，你等著，等著必定會開口，卻又不會引她冒火的那個人說話，然後打個圓場。

相反地，如果你先開口：「鹹了！」然後孩子跟著喊鹹。

你想想，太太會怎麼反應？如果當天她情緒不好，只怕把筷子一摔：

「好哇！老的挑，小的也挑，鹹！你們做！明天老娘不做了！」

請問，那差異有多大，你該選擇哪種說法？

借刀殺人

最後，讓我舉兩個政壇的例子，請大家去回味「借他人之口」的妙用——

一九九六年二月二日，在立法院。

被任命為國民大會祕書長的錢復，被人指著鼻子問：「你是搞外交的，你懂法律嗎？不懂法律怎麼當國大祕書長？」

錢復沒生氣，只淡淡一笑：

「我在美國是學法律的，回國之後，就在政大教憲法，您說我不懂，我的學生和老師會很難過的。」

＊

千禧年，為了是否戒急用忍，國內政壇爭執不下。

有記者問親民黨主席宋楚瑜，對「開放三通」的看法。

宋楚瑜對著鏡頭，很嚴肅地說：

「有人說不必和中國來往，只和美國來往就夠了，這與大多數臺灣民眾的想法是相違背的。」

＊

錢復和宋楚瑜多會說話啊！

他們沒有說半個字，表示自己被冤枉、不高興，也沒有講「這就是我的立場」。他們很婉轉地「借了口」，藉老師、學生和大多數人民之口，表示了抗議。

以一人之力，藉眾人之口。那抗議多有力量啊！這就是說話的技巧。

第二十一章　老龍翻船記

為什麼魔術師身邊總要跟個性感女生？

因為「她」穿幫的時候後「他」就不穿幫了。

「你可千萬小心，我爸厲害極了。」臨進門，小惠又叮囑了一遍：「他一定會一點一點審問你，你尤其要注意，別……」

「別讓你爸爸知道我老爸是警察。」小朱把話接過去：「放心，我一定會小心應付。」

＊

「令尊在哪兒高就啊？」果然，才坐定，老龍就沉沉地問。

「噢！報告龍伯伯，家父已經從公務員退休了，在舊金山跟我大哥住，平常散散步、練練字，他很喜歡書法。」抬頭看看四面牆上的字畫：「家父也喜歡收藏，不過和您的收藏比起來，就差多了。」

「我這兒有什麼值錢東西？」老龍哼哼地笑兩聲：「全是朋友送的。」

「我雖然不懂，可是一看就覺得您的品味太高了。」小朱順勢拍了兩下。

「得了吧！」老龍居然沒怎麼領情，又沉聲問：

「你，學什麼的？」

小朱趕緊坐正了：「報告老伯，我在大學是念歷史的。」

「什麼大學？」

小朱回頭看了看小惠。卻聽老龍吼過來：「你看她幹什麼？」嚇小朱一跳，趕緊又坐正了答：

「我是×大……和小惠一樣。」

「爛大學！」老龍哼了一聲：「不過聽說你出去留學了。」

「是的，我到南加大，改念電腦，而且在大學部又補了一年學分，然後修電腦碩士，所以回國之後，到電腦公司上班。」

「我們就在那兒……」小惠插話進來，被老龍瞪一眼，把話吞了回去。

＊

吃飯了，小惠的媽媽精心燒了幾樣菜，小朱吃得讚不絕口。

「你媽媽也常給你們做飯吃嗎？」龍媽媽笑著問。

「不！只有我小時候，她常做。」小朱差點噎住，摸摸胸口：「不過我娘做的都是北方菜，沒您的這麼細緻。」

「噢！你是北方人。」龍媽媽笑道。

老龍也抬頭盯了小朱一眼：「嘿！我居然忘了問你是哪兒人。你！小子！」用筷子指指小朱：「府上什麼地方啊？」

「東北！」

「好！」老龍大笑起來：「東北出人才，我認識不少關外好漢。」

「不敢當、不敢當！」小朱一下子輕鬆了：「不過，關外也出土匪。」

就見老龍臉上一板，小朱腿上一疼，是被小惠擰的。

還好，老龍接著又大笑了起來：

「好、好、好！土匪也是好漢，不是好樣兒的，也當不上土匪！」

一桌人都笑了。

*

過去小惠不知交了多少男朋友，但不是讓老龍給罵跑了，就是嚇跑了。

偏偏這回，老龍對小朱是「看對了眼」，私下還主動向朋友介紹，小朱是書香門第，家在美國，是留美的電腦碩士。

年輕人熱戀，沒多久，就擺酒席，結婚了。

老龍嫁獨生女兒，可是大事，早早就包下了五星酒店的頂樓大廳，席開百桌；雖然小朱的爸爸旅美多年，還是有許多早年的朋友和部屬來賀喜。

門口收禮，照老龍的意思，男方女方分開，方便計算。但老龍說明了，最後全歸小兩口。

至於接待人員，也全由老龍安排，清一色，穿黑西裝的年輕小夥子。

「親家公回來了，怎一直不見親家母？」龍媽媽裡裡外外找不到，去新人休息室問小朱。

「噢！他媽媽說會晚點兒來。」小朱沒答，倒是小惠笑笑：「他爸跟他媽離婚多年了，見面怪怪的。」

「什麼？他們離婚了？我那天問小朱，小朱不是還說給他們做飯吃嗎？」

「媽——」小惠瞄她媽一眼：「您忘啦？他是說只有他小時候，媽媽做飯給他吃，您沒聽出來嗎？」

＊

龍媽媽正搔頭想呢！又見老龍衝了進來，先找小朱，看小朱在廁所，就沉聲問女兒：「為什麼剛才親家公說，小朱學位沒念完就回國了呢？小朱不是拿到電腦碩士了嗎？」

小惠又白了老龍一眼：

「爸！您怎麼也沒聽清楚呢？他是說去修電腦碩士，可沒說修到了啊！」

正說呢，衝進一個接待，在老龍耳朵旁邊講了幾句，就見老龍臉色大變，急急走了出去。

原來門口來了一票警官和警察，全是男方的賓客，大家直對朱老先生敬禮、賀喜，左一句大隊長好，右一句大隊長好。

龍媽媽的臉色也變了，低聲問女兒：

「原來小朱的爸爸是幹警察的，你為什麼不早說？」

小惠又一笑：「爸爸問過他了啊！他說是公務員退休。警察是公務員啊！」

「你爸說朱老頭喜歡書法、收藏……」

「警察也可以喜歡書法和收藏啊！」小惠拍拍媽媽，小朱聽到了，也過來對岳母笑：「是啊！我爸爸早退休了，不是警察了。」

「可是……可是……」龍媽媽拍了一下大腿：「可是咱們家賓客走了十幾個，而且都是重要的人物！」

「為什麼？」小朱問。

「因為……因為……因為全是道上的兄弟啊！」

有話好說

你知道我這章要討論的是什麼嗎？

如果你還沒想到，就再聽我說個故事吧！

獵人的故事

有位法律系的教授，上課第一天，才走上講臺，就說：

「有個獵人追一隻狐狸，狐狸繞著彎跑，獵人開了好幾槍都沒打中，狐狸衝向一棵大樹，鑽進樹下的一個洞，樹洞有另一個出口，居然跳出一隻兔子，獵人喜歡吃兔肉，就追兔子，兔子一竄，跳進一叢樹，獵人對著樹叢開一槍，轟一聲，跳出一頭黑熊，獵人對準黑熊開槍，發現槍裡沒子彈了，只好轉身跑，一邊跑、一邊裝子彈，幸虧黑熊跑不快，這獵人回頭補一槍，終於把黑熊打死了。」

說到這兒，教授看看下面眼睛瞪得大大的學生問：「怎麼樣？精采吧！」

「太棒了，打一隻兔子，變成打到一頭大熊。」有學生說。

「太有意思了，獵人原來只想打狐狸，結果能跳出兔子和黑熊。」另一個學生講。

「黑熊值不少錢呢！」許多學生交頭接耳：「獵人發了。」

「說不定獵人打兔子的那一槍，已經打中了黑熊，」又有個學生說：「所以黑熊跑不快，不然獵人早死了。」

看看學生，教授笑笑：「你們想的都不錯，但是為什麼沒有一個人問『那原來的狐狸呢？兔子呢？』前面的兩個主角到哪裡去了？」表情轉為嚴肅：「你們要當法官、當律師、當檢察官，就得防著不要被人轉移了焦點！」

轉移焦點

「轉移焦點」就是這裡要討論的。

我們常批評一個人「顧左右而言他」，又常批評政治家們「故意模糊焦點」；再不然說「某一個突發的事件，轉移了人們原來對另一個新聞的注意力」。

其實這裡所說的道理都一樣，就是「轉移焦點」，使人們放棄原來的東西，轉而注意另外一件事。

轉移焦點是我們說話時最常用的技巧，首先，它可以避免尷尬的場面。

避開尷尬的場面

譬如大家正在大罵九一一恐怖分子，全是中東人，你抬頭，看見有個中東籍的朋友正好進來，就把話鋒一轉：「欸！昨天美國股市好像漲了，老王啊！你消息最靈通了，你有沒有看新聞，美股漲多少？」

聰明人聽你突然轉移焦點，一定能立刻意會到情況有變化，接著看見中東的朋友進來，於是心領神會地幫你把話題帶開。

於是，你用了「爆炸案」、「股市」和「老王」這三個「環扣」的東西，把罵中東人的話題轉到了老王身上。

短短幾句話間，你已經把焦點轉了兩次，使尷尬的場面能夠立刻「不知不覺」地化解。

主動把話題帶開

相對地，如果你走進辦公室，發現大家正背地罵你朋友的時候，你不高興，又不願意和同事撕破臉，也可以主動把話題帶開——

你可以用一個很普通的話題，譬如說：「欸，大衛呢？大衛在哪兒？我找他找半天，找不到。」

聰明的同事，自然會住口，因為他們知道你是存心把話題帶開。

此外，你也可以直說：

「哎呀！事情都過了，各有各的理，咱們不談這個好不好？」

你這麼說，有個好處，就是除了可以轉移話題，還暗示了「你的立場」。

牧羊人的角色

「轉移焦點」是談話的一種「主動行為」，如果你會說話，簡簡單單幾句，就能把一大群人的談話主題，像是「牧羊人帶羊群」一樣，帶往另一個方向。

於是你可以了解，為什麼許多主席、召集人和議長的選舉，總是搶破頭。他們搶的不是議長這個職位或薪水，而是他在會議中，轉移焦點的好處啊！遇到不利自己的話題，他可以技巧地帶開；碰上有利自己的東西，他又可以加倍使力。他甚至可以無中生有地，硬是把議題帶到他想要討論的東西上面。

帶你進入我的地盤

舉個很簡單的例子：

今天你很精通書法，到朋友家，一進門就看牆上掛的字，話題立刻就到了「你能表現」的東西上。

今天你愛紫砂壺，朋友給你沏茶，你又可以從一杯茶，談到杯子，談到茶壺，最後發表一篇你對紫砂壺的研究報告。

在聚會中，我們常見一些人高談闊論，不但成為會場的焦點，而且表現了他的學識淵博，甚至因此得到老闆和異性的青睞。

那些人真淵博嗎？

可能不盡然，他們只是更會帶動話題，把大家的話題，主動「引領」到他最內行的東西。

三句不離本行

做直銷的人，就更需要這「轉移焦點」的本事了。

你會發現那直銷高手，管你今天談的是選舉、旅行、嫁女兒，甚至只是買包衛生紙，他都能左轉右轉，沒幾下，就轉到他要推銷的東西——

「買衛生紙啊！千萬要買那種原生紙漿的，免得擦傷屁股，尤其有痔瘡的人。不過痔瘡這毛病主要是出在身體裡有火氣，你有火氣，下面長痔瘡，上面就長暗瘡，只是你不一定感覺到，那暗瘡在臉上潛伏，就造成提早老化，你最好用我這產品，一方面內服調理，一方面外搽保養……」

你說，他這番話，是不是神乎其技？由屁股一下子就能跳到臉上，到頭來則是要你掏錢買他的東西。

這就叫「三句不離本行」啊！

小心「顧左右而言他」的人

看來「轉移焦點」真是好處多多，但是你也要知道，這技巧如果用得不好，效果就恰恰相反了。

假使你是個職員，今天老闆問你話，你一碰上自己不愛聽的，或「心裡有鬼」的，就轉移焦點，把話題帶開，除非你的技巧高極了，否則必定引起長官不高興，覺得你說話不誠懇、不乾脆，或是「顧左右而言他」。

更糟糕的情況是，許多「轉移焦點」的人，不懂得「順理成章」、「順水推舟」，用相關的東西，把焦點在不知不覺間帶開。

他們愈是心裡有虧，愈是急，愈可能用「搶話」的方法轉移話題。

譬如老闆問他：「昨天的帳整理好了嗎？」

他明明沒理好，卻不正面答，反而轉移焦點，說：「噢！對了！李總今天到公司來，那時您不在。」

請問，如果你是老闆，你會被他這句話，就轉移焦點，不再問他帳的事了嗎？

只怕你更得問。而且愈是發現職員如此，你愈要小心他有短，愈要詳加盤查，免得出大紕漏。

不能轉移焦點的東西

「轉移焦點」不是處處可用。鄰人問你：「好大的煙，你家燒焦了東西嗎？」母親問你：「垃圾車都走了，垃圾倒了嗎？」太太問你：「怎麼夜裡兩點才回來，野到哪裡去了？」丈夫問你：「我餓死了，飯做好了嗎？」

如果你明明燒焦了東西、忘了倒垃圾、出去打了「野食」、麻將搓到沒燒晚飯。

你能用轉移焦點的方式回答嗎？

你那樣做，只可能產生反效果。

可以偷天換日，不能顛倒是非

轉移焦點，通常用在不需要立刻得到答案的事情上，或是當你可以「用轉移的目標，替代部分答案」的時候。

讓我們回頭想想「老龍翻船」的故事。

當老龍問小朱父親在哪兒高就的時候。

小朱說他老爸原來是公務員，現在已經退休了，又說人在美國，喜歡書法和收藏。這些答案差不多已經可以滿足老龍，接著他又把話題帶開，到老龍的收藏。老龍自然可能不再追問。

此外，當老龍問他學歷的時候，他說了一大堆，由大學講起，最後講：「……然後修電腦碩士，所以回國之後，到電腦公司上班。」

他確實沒說修到了學位，但是他用了語法上的技巧，換做你是老龍，你又會懷疑他沒修到碩士學位嗎？

最後，當龍媽媽問小朱：「你媽也常給你們做飯吃嗎？」的時候。

小朱說：「不！只有我小時候，她常做。」接著把焦點帶開：「我娘做的都是北方菜。」再進一步帶開：「沒您做的這麼細緻。」

換做你是龍媽媽，你會想到小朱的父母早離婚了嗎？

最重要的是——

小朱從頭到尾，沒有撒半個謊。

一個會說話的人，絕不是靠撒謊逃避的人，他可以不說話，要說就是真話。他可以技巧地把話題帶開，以避免尷尬的場面，但絕不能顯示「閃爍其詞」，或言不由衷的樣子。

第二十二章　落井下石

想借錢嗎？先看看他老伴在不在；
想接吻嗎？先看看四周有沒有人。

雖然只是中度颱風，卻帶來臺灣四百年來最大的雨量，北部幾個城市全淹了。

憋了一整夜，聽樓下人家大呼小叫，原來的巷道成了小河，河上漂著桌子椅子、貓啊狗啊！還有橡皮救生艇隔一陣就砰砰砰地開過。

早上十點，水總算退得差不多了，小陳換上短褲，又穿上雨靴下樓，推了半天，推不開門，再使盡力氣撞，才把門撞出個小縫，原來外面積了一呎多的稀泥。

樓下的鄰居正清理呢，把屋裡的東西一樣樣往外扔，差點打到小陳。

「拜託！」小陳叫了一聲：「小心點！」

「噢！」鄰居瞪他一眼：「沒想到你在家，我還以為你一家都跑了呢！昨天我們淹到胸口，想把東西往你那兒搬，怎麼按你門鈴，你都不開門。」

「我沒聽到啊！」小陳攤攤手，突然想起：「對了！因為停電哪！你為什麼不喊、不敲門呢？」

「我喊了啊！也敲了啊！」鄰居彎著腰把個電視抬出來扔在泥漿裡，啪地一聲，濺了小陳一腿，只當沒看到。

「我沒聽見！」小陳用手擦擦腿上的泥。他心裡知道，他根本就聽到了，而且聽了一夜。

＊

往前走，沒幾步就走不動了，因為雨靴裡全灌了泥漿，乾脆把鞋脫了，提在手上，蹚著泥漿走。好不容易走到高處，遠遠看見自己的車，居然沒泡水，心中有幾分得意。

但是這得意沒多久，車子因為四周停滿別的車，開不出來；捷運又成了「地下河」，廢了。小陳只好光著腳走，走了一個多鐘頭，才到自己的服裝店。

＊

一夜豪雨，據說淹了一呎多，電全斷了，大樓地下室淹水，緊急發電機也泡湯了，鐵捲門都打不開。

一排店面，門口全擠滿了人，還有警察，先驗明正身，證明是那家店的老闆，再用電鋸、鐵鍬，幫著店家把鐵捲門撬開。

每撬開一扇門，就聽見一陣驚呼，跟著是男人的咒詛和女人的哭號。

小陳的兩個職員居然也到了，跟小陳三個人，借了把鐵鍬，自己撬開門。

嘩啦！居然還從裡頭流出一灘水。「這鐵捲門對外不能防水，卻能把水存在裡面不放出來。」小陳罵了幾句三字經，再推開玻璃門，往裡看，這一看，就差點暈了過去。

＊

中午，居然有慈善團體沿街送便當，小陳和其他店家，一起站在人行道上吃，一邊吃一邊嘆氣：「最起碼半個月沒法做生意，房租可得照付。我們這生意還怎麼做啊！」

隔壁店小邱哭喪著臉，湊近小陳：「小陳啊！咱們是同一個房東，那老蕭好像人還不壞，咱們請他減點房租吧！」

「成嗎？老蕭那個臭脾氣。」小陳鼓著眼睛，看看小邱。

「你口才好，你去說，說不定成呢！」

「為什麼你不去說？」

「我不敢哪！」小邱雙手合十，拜了拜：「說成，我請你吃飯。」

「好！我去說。」小陳把便當一擱：「我正想說呢！」接著跑上樓去。

老蕭就住頂樓。上面蓋了違建，大概因為用輕建材，雨太大，四處漏水，老蕭正穿個內褲，跟他老婆往外倒水呢。

「還沒吃午飯哪？老蕭！」小陳打個招呼。

「去他奶奶的午飯，誰給？」老蕭沒好氣。

「剛才樓下就有人發便當啊！」

「我沒聽見。」老蕭擦擦汗，站直了：「你知道有便當，為什麼不給我要兩份哪？你是我的房客啊！」

「哎呀！對不起、對不起！我沒想到。」小陳笑笑：「不過提到我是房客，您有空下來看看，我店裡全淹了，損失慘重，所以我來跟您商量商量，是不是能減點房租？」

「什麼？」老蕭突然跳了起來，衝到小陳面前：

「誰沒損失啊？你知道我損失多少嗎？我最近股票已經損失一千多萬了，你給嗎？你給嗎？」老蕭把一雙髒手伸到小陳面前，又推了小陳一把：「你他媽的落井下石，房租一毛錢也不能減，要減，你就給我滾蛋！」

＊

「都怪你，要我去說，挨頓臭罵，說要減房租，就滾蛋。」小陳下來對小邱抱怨。

小邱沒吭氣，搖搖頭進去了，一邊跟老婆丹丹收拾泡水的東西，一邊把小陳的事說給丹丹聽。

丹丹低頭聽了一陣，突然抬頭說：「我去！」也不管小邱攔阻，就衝了出去。

＊

「你是誰？」老蕭大聲對著門外喊。

「我是您房客小邱的太太。」

「你也是來……」

「我是給您送便當來的，聽說您還沒吃東西，會傷身的。」

「這就是免費便當？」老蕭把便當一把接過去。

「不！是我特別為您二位去買的。」

「噢！謝了！」老蕭居然笑了笑，叫老婆拿椅子：「請邱太太坐。」

「謝謝您，我不坐了，店裡東西全淹了，我還得下去收拾。」丹丹鞠個躬，下樓了。

＊

傍晚，騎樓外堆滿了泡水的東西，好像戰後。

小陳和小邱兩口子，坐在門口，揀還能洗能賣的衣服。

突然看見半截寶塔搖過來，是樓上的老蕭，正看地上那些扔出的東西呢！

「損失不小啊！」老蕭看看丹丹手上泡了水的裙子：「看來你們損失比小陳大，他還有兩個員工，你們只有兩口子。」說完，轉身走了，走幾步，突然回過頭來：「小邱的房租，從這個月開始，減收五千塊。」

有話好說

為什麼小陳專程去談，沒談成的事，由丹丹出馬，隻字未提，事情卻成了呢？

將心比心，相信你一定知道答案——

因為小陳在房東最忙、最累、最狼狽，而且肚子最餓的時候去談。有誰在這時候脾氣會好呢？

不錯，丹丹去的時候，老蕭還在忙，也還在餓，但是丹丹不是去跟老蕭討價還價，而是為老蕭「雪中送炭」哪！

要雪中送炭

每個人都一樣，對「雪中送炭」，在失意時照顧自己的人加倍感激；又對趁火打劫，在自己最慌亂的時候，還想占便宜的人加倍痛恨。

當老蕭得到丹丹送去的便當，把肚子填飽了，又用幾個鐘頭時間，把屋子清理乾淨之後，心情平靜了，也就是他最能「心平氣和想事情」的時候。

他可能想：「小邱的太太真不錯，居然知道特別去買兩個便當來給我吃。」

他也可能接著想：「她怎會知道我沒東西吃？當然是那混蛋小陳下去說的。」

他又可能猜：「其實小陳小邱都想來要求我減房租，只是先由小陳代表。其實丹丹上來，也為這個目的，只是這女人懂事，送便當，沒提房租。」

由於此刻他已經靜下心來，可以想得更多，他或許想到：「本來景氣就不好，小陳小邱再一淹水，更完了，如果我不減房租，只怕他們不租了。那時候我又能立刻找到房客嗎？如果幾個月沒有新房客，我損失更大。」

老蕭忖度一下，心裡已經有個譜：

「減他們一點房租，把他們留下來，反而有利。」

可是當他再想到「小陳上來，非但袖手旁觀，不幫忙，沒為我拿便當，還開口就說減房租。」老蕭的火就又上來了：「這簡直是落井下石嘛！是可忍孰不可忍，對這種薄情寡義的人，我絕不能便宜他。」

所以在老蕭下樓之前，早已有了定見，他是經過盤算之後，早決定主動為小邱夫婦減房租的。

說話挑「吉時」

中國人嫁娶開張喬遷，常要挑時辰，其實說話辦事更得挑時辰。

什麼是「挑時辰」？挑時辰就是找最恰當、對自己最有利的時間去「進一言」，當然也就是避開「凶時」。

如果你還是個孩子，想找老爸老媽談事，你會找老爸有「起床氣」、老媽急得發瘋的一大早去談嗎？

如果你是職員，就算你想了一夜，有一肚子氣、一肚子委屈，你能在主管才進辦公室，堆了一桌文件，急著處理，或急著要去開會的時候，去跟他爭嗎？

如果你要討價還價，跟人理論，你會在對方肚子正餓，急著要去吃飯的中午十二點打電話去嗎？

如果你想找人「調頭寸」，你會在他家裡正高朋滿座、大宴賓客，或居喪開弔、滿面戚容的時候去伸手嗎？

甚至，你想向女朋友求婚，你再急，又能急到衝進她辦公室，在她忙得不可開交的時候「下跪」嗎？

所以連你談情說愛，甚至接吻，都得「挑吉時」。

許多女生拒絕男生的「第一吻」，都不是因為不喜歡那男生，而是因為當時環境不宜啊！

說話挑地方

談到環境，懂得說話的人，不但要挑吉時，更要挑環境。

為什麼有許多人明明不愛運動，卻要去打高爾夫球？因為打球的時候，山青水綠，徜徉其間，是最好說話的時候。

為什麼有些人談事，要在對方出差時追到國外，因為他知道對方出國，總比在辦公室多些「自己的時間」。有些人甚至為此大破費，跟對方一起買頭等艙機票，為的是在這長程飛行中，「他」要躲也躲不掉，正可以藉機會攀談哪！

我認識一個外交官，明明忙得要死，居然還接受邀請，要坐四個小時飛機，去參加一個民間社團的晚宴。只是臨上飛機，他又突然不去了，原因是另一位賓客不能到。

別人不到，干他什麼事？

當然有關係！因為他接受晚宴的目的，只是想藉機會跟那位平常見不到的官員同桌攀談。那官員不去，他當然也不必去了。

但是你再想想，那官員為什麼不去？他會不會也因為知道「外交官」要同桌而迴避呢？

碰上火爆脾氣的人

我還知道一位商界的大老，能力雖強，但脾氣奇壞，許多摸不清他脾氣的人，只要跟他討價還價，一定搞砸。因為他是當面「一寸也不讓的人」。

但是摸到他脾氣的人，找他討價還價，另有一套辦法。他們不是先透過他的副手，探探他的口風，就是不打電話，只傳真。

據說每次他聽到副手傳話，或收到傳真時，都會咆哮：「門兒都沒有！」

但他的咆哮，只有他副手和他自己聽到。

隔一陣，他又會出來叫副手找資料，重新考慮，就像前面故事裡的老蕭，接著一百八十度轉變——「成了」！

由此可知，把話說到心窩裡，先得找對方把「心窩」敞開的時候說，你甚至得為此，先打探對方的習性，謀定而後說。

退一步說話的學問很大，請看下一個故事。

第二十三章　做奸細的老千

偶像明星最大的夢魘，
就是在廁所裡有人要握手。

「吳老闆是老朋友了，我想找他一定能打個折，就算沒八折，也有九折，」老于氣喘吁吁地對太太說：「我這就親自跑一趟，他一定會賣面子。」

還沒走到吳老闆公司的門口，已經看見一堆人鬧烘烘地往裡擠。

「慢慢來、慢慢來！」吳老闆的副手小金在那兒推。

「不能慢哪！急死啦！已經泡一天一夜啦！」一堆人喊。

「又不是只有我們這一家，你們急，可以去別家買嘛！」平常脾氣很好的小金也急了：「你們一直擠，我怎麼拿貨嘛？」

「各位鄉親，別推！我們一定儘快。」吳老闆也出來安撫：「我們庫裡還有不少，我們絕不藏貨，也絕不藉機漲價。一家一臺，保證各位買得到。」抬頭看見老于，打了個招呼，正要跟老于說話，被個客人抓住了，想必也是熟人。

＊

擠了半天，老于總算擠進店門，伸手跟吳老闆握了握，急急忙忙地說：「老吳啊！我也要一臺。」

「好！」吳老闆轉身就搬了一臺，放在老于前面。

「多少錢？」

「一萬二。」吳老闆匆匆應著，又轉頭招呼下一個客人。

「能不能打個折啊？」屋裡吵，老于對吳老闆喊。

「不成、不成！」未料吳老闆想都沒想就喊了回來：「一毛也不能少，已經比別家便宜很多了。」

「老朋友了嘛！」老于拉拉吳老闆的袖子：「賞個面子，九折，便宜一點，成了吧！」

「不成！」吳老闆轉過身來，瞪了老于一眼，指著箱子問：「你要不要？」

「欸？你是看大家淹水，神了是吧？怎麼老朋友都不認了呢？」老于也有點不高興了；錢是小事，當著一堆鄉親的面，丟人是大事。誰不知道他跟吳老闆總在一起釣魚，居然連那麼一點面子都不賣。

偏偏後面就有人促狹地喊：「老于啊！快一點！你別小氣好不好？」突然一伸手，把錢塞進吳老闆手上，再一彎腰，把原來老于要的那臺機器抬走了。

老于火了，鐵青著臉，一擰身，擠出人群，往另一家走去，一邊走一邊罵：「他媽的！有這麼不夠意思的嗎？我不跟你買了，原來要賞你生意，你不領情，算了！」

*

走到另一家，人也不少，老于把錢遞過去，搬起機器正要走，卻被喊住了：

「一萬六！你少給四千。」

「什麼？一萬六？」老于往外指：「人家吳老闆才賣一萬二。」

話剛完，旁邊好幾個顧客都轉過臉來問：「真的嗎？」

「當然真的，而且是一樣的東西，我才從他那兒過來。」

「那你為什麼還來這兒買？」

「我……」老于怔住了，頓了一下：「我跟老吳鬧翻了。」

「那裡還有貨嗎？」

「有！」

轟隆一下子，四周的顧客全轉身跑了。連原來已經付了錢的，也伸手把錢抓回來，將貨一扔，跑了。

店裡只剩老于一個客人。

「算一萬二，好不好？」老于小聲問。

「一萬六就是一萬六，你一定是那家派來的奸細，你滾！就算一萬六我也不賣給你。」

＊

老于居然被趕了出來。只好再去找別家，這下更糟了，別家已經賣光了。

低著頭回家，正不知怎麼交代。老遠卻見家裡伸出個長長的管子，正抽著水。

「哈！你真有辦法，居然從哪兒借來一臺？」老于高興地跑進家，對老婆喊。

「不是借的，是人家送的。」

「誰？」

「你的老釣友吳老闆哪！他說謝謝你給他介紹不少生意，剛派人送來的。」老婆過來把老于緊緊一抱：「還是我老公神！」

有話好說

吳老闆跟老于是好朋友，為什麼當著那麼多鄉親的面，不給老于面子？

才打九折啊！朋友的面子，連這麼一千兩百塊都不值嗎？

但是，當你從吳老闆的角度想，就不一樣了——

老于當著眾鄉親的面，要吳老闆打折，他又何曾考慮到吳老闆的面子？

如果吳老闆真給老于打了折，那些在場的其他人會怎麼說？

他們也要打折，怎麼辦？話傳出去，別的已經買了的鄉親，也回來要退錢怎麼辦？

吳老闆以後還怎麼做人？

所以，不是吳老闆不近人情，而是老于話說得不是地方、不是時候。

哪壺不開提哪壺

換個場景。

當老于到另一家店裡，抗議價錢貴了，說吳老闆便宜四千。這說話的時間、地點，又對了嗎？

他這一句話，把客人全引到吳老闆那兒去，人家不揍他，已經不錯了。他確實看來像奸細，來煽動、為吳老闆搶生意，怪不得吳老闆要送一臺，向他致謝了。

但是，再深一步，你怎麼不想老于就算不為吳老闆介紹，吳老闆也會偷偷送一臺給他呢！

為什麼？

因為老于是老朋友，吳老闆當時礙於四周人多，不得不說「一毛錢也不能少」，但是「私下」實在不願意這樣對待老于啊。

他很可能等人群散了，事情過了，見面重重地拍老于一巴掌：

「喂！老于啊！你幫幫忙好不好？你什麼時候不好還價？何必當著那麼多人說呢？以咱

們的交情，一通電話，我立刻派人送到，而且免費，何必勞你大駕呢？」

「進言」與「退言」

我們常說「進言」，其實很多時候要「退言」。「進言」是現在就說、主動去說，「退言」是退一步說話、改天再講。

「改天再講」，不是我們說話時常用的嗎？

聊天聊得差不多了，改天再聊，拜拜！

這事一言難盡，改天再說，拜拜！

這先不要算，改天再算，拜拜！

「改天再說」是「退言」，意思是現在不方便再說，改天時間對了、地方對了、情緒對了，再說。

改天再說的學問

每個人都要好好學習「改天再說」這句話。它可以幫你脫困、避免尷尬；當別人對你說

「改天再說」的時候，你千萬要識趣地避開。

舉個例子——

你的朋友開藥店，你去，看有人買一種補品，朋友正介紹，你在旁邊聽，覺得不錯，也要一瓶，問多少錢，他笑笑：「改天再算！」

你能不識趣，而繼續追問，非要他算嗎？他如果算了，你又能得到比旁邊那個客人更好的價錢嗎？

再舉個例子——

你打電話問朋友事情，想請他幫個忙，開開方便門。朋友在那頭答「改天再說」，你就應當識趣，知道他旁邊可能有人，不便說。你能繼續追問嗎？

提到旁邊有人，一般人想的都是「外人」，其實「內人」在旁邊的學問更大，請看下一章。

第二十四章　是誰當家？

愈是碰上小鬼當家，
愈得把他奉做閻王。

故事一：他為什麼不問我

「又缺錢了是吧？」看老四走進來的樣子，老大就猜到了。

果然，老四點點頭，跟著一屁股坐在老大辦公桌對面，彎腰在箱子裡掏，掏出一份文件，遞給老大。

「什麼？借據？」老大眼睛瞄過文件。

「不是啦！大哥。」是買房子的資料：「最近利率低，我想買個房子……」

「買房子！」老大抬頭看看四弟，點點頭：「買房子是好事，總比你拿去賭，來得好。」

「是啊！」老四把話重複了幾遍：「是啊、是啊、是啊……」

「別是啊、是啊的了，你缺多少？總不會全要我出錢吧？」

「不會啦！大哥！」老四看著桌面：「您不要把我想得那麼糟好不好？我現在只缺一百萬。」

「一百萬？也不少啦。」老大把權狀影本拿過去翻：「地點是不錯……」又把權狀遞回給四弟：「一百萬，我沒有，如果八十萬還行，最近你大嫂剛拿到一個末會。」

「八十萬也成了！剩下二十萬我再想辦法。」老四高興地把權狀塞回箱子，站起身。

「去找你大嫂拿。錢在她那兒，就說我同意了。」老大拍著老四的肩膀，送他出去。

＊

「他同意了？」大嫂眼睛一瞪：「他先得問問我有沒有錢哪！一下子要八十萬，我哪兒拿出來啊？我下金蛋哪？」

老四嚇一跳，囁囁嚅嚅地說：「大哥說您剛收個末會，正好八十萬。」

「喂！我說四弟啊！八十萬，我家裡不吃飯哪？外面沒有等著還的錢哪？小寶在美國不繳學費啊？你告訴你大哥，我拿不出來！他要借你，他自己想辦法！」

故事二：諒他不敢作主

「對不起啊！你明天過生日，我卻不能陪你。」老龐拍拍兒子的肩膀，笑了：「挺結實的，真沒想到，一轉眼，你都二十三了，還覺得你十三呢！」想想，又大笑幾聲：「不過十三歲怎麼開車呢？」

今天老龐急著出國開會，由兒子開車送到機場，覺得挺得意。

「你過生日，要我送你什麼禮物啊？」老龐又拍拍兒子肩膀。

「什麼都不要。」

「什麼都不要？」老龐歪著臉，看看兒子：「什麼都不缺？」

「缺……缺一臺筆記型電腦。」兒子微笑著，車子正好駛進機場。

「那好！就送你一臺筆記型電腦吧！」老龐很乾脆：「多少錢？」

「四萬塊。」

「四萬？」老龐沒想到那麼多：「要四萬？」

「新出的嘛，既然買就買好一點的，功能好。」

「四萬就四萬吧！」老龐把車門打開，接過兒子遞來的行李箱：「找你媽拿。」正要轉身走，突然想起：「對了！你可要記得，別直著向你媽媽說。你要說『媽！我過生日，爸爸要我問你能不能送我一臺筆記型電腦，他說他沒意見，全聽您的。』這樣你媽才會爽快地掏錢。」

「有這麼嚴重嗎？媽不是都聽你的？」

「你照我教的去說就對了。」老龐撂下一句話，轉身走了。

＊

「什麼？他要送你一臺電腦？多少錢哪？」龐媽一驚。

「是啊！」兒子說：「是我跟他說我需要，一臺新型的，四萬塊。」

龐媽媽又好像一驚：「四萬？可不少！他怎麼知道我有錢？」

「所以爸爸說要我問您，您說ＯＫ才ＯＫ。」

「這還差不多，這老傢伙居然學會說話了。喏！拿去！這是四萬。」

小夥子一怔：「媽！您怎麼都準備好了？您怎麼知道……」

「你老子在機場已經打電話問過我啦！這麼大的事，你以為他真敢一個人做主啊？」

有話好說

這兩個故事的情況差不多，為什麼結果有那樣大的不同？

或許你已經知道答案了——

因為老四去借錢，卻不會說話，開口得罪了大嫂。

但與其說老四不會說話，何不講老大不懂得說話呢？比比看，另一個故事裡的老龐，也差點犯錯，表示他說了算，要兒子直接找媽媽拿錢。

但是老龐聰明，他突然想到即使是兒子，也要懂得跟媽媽講話的方法；即使自己是一家之主，也要考慮太太的感覺。於是他停下來，特別叮囑兒子怎麼回去說，又怕這樣不夠，自己再打個電話回家，向太太報備。

丈夫特別打電話回家，徵求太太的同意，且不論「太太是不是真的實權在握」，還是「做個樣子」，那龐太太心裡能不舒坦嗎？

小鬼難纏

人都要被尊重。即使是個門房，今天你請他進去通報一聲，也得對他客客氣氣。一個毫無權力的小職員，終日躲在辦公室的一角，當橡皮圖章，今天你要他蓋章，就算「上面交辦」，非蓋不可，你對他說話不客氣，他也可能找你麻煩，最起碼，他不痛快，他可以拖。

這就是「閻王好見，小鬼難纏」、「不怕官，只怕管」的道理啊！

訓人的學問

無論位階的高低，或誰當家、誰作主，尊重對方，永遠是說話的第一原則。

就算你是頂頭上司，如果你能把「喂！某某，你幾點幾分，給我過來一下。」改成「是不是麻煩你，幾點幾分到我辦公室。」甚至更客氣地說：「幾點幾分，我在辦公室等您。」

你的職員聽到，能不比較窩心嗎？

今天你要訓你的職員，你可以當著大家的面開罵，也可以客客氣氣地請他到你辦公室，然後關上門，小聲地訓他。

想想，如果你是那個職員，處在前者的情況，是不是就算長官當著大家只是「小罵」，你心裡也要大不痛快，長官一走，你非背後咒他幾句不可。

相反地，假使是後者的情況，你就算換了大罵，是不是還會心存感激，心想：「老闆真不錯，他顧念我的面子，特別把我叫進來，還關上門、放小聲，可見老闆是愛護我的。」

訓人，還能讓對方心存感激，這就是「把話說到心窩裡」啊！

內人不是外人

夫妻之間的尊重就更重要了。

你在家裡可以是大男人，你說了算，太太只有聽的權利，你確實可以不管她同意不同意，而逕自作主。

但是換個角度想——

她已經沒有「實權」了，你何不給她一點「虛榮」？

什麼叫「內人」？

「內人」就不是「外人」！內人是你枕邊人。你有事卻不讓她知道，她還叫內人嗎？

這世界上沒有比把「自己人」看做「外人」更痛心的事了——

「家是一個『共榮圈』。大家一起打拚，胼手胝足地奮鬥，槍口向外，胳臂肘朝內，有什麼事需要瞞著我呢？你把我看成了什麼人？」

私房錢事件

算算看，有多少夫妻反目，不是都因為太太資助了「娘家」，或丈夫偷偷給了「夫家」？

「錢」常是最大的原因——我們兩個人拚命省，只盼多存點，你為什麼把錢往外送？

但更大的原因，是許多丈夫或妻子，不讓另一半知道，而偷偷給啊！

你可以說這是你自己省下來的「私房錢」，但私房錢也是家裡的錢，「你的錢」在心理上，雖不在我手裡，也是我們兩個人的錢哪！

還有！你為什麼不先讓我知道？你把我當成了什麼人？是你內人，還是街上的陌生人？

被出賣的感覺

於是發現，那些為錢反目的夫妻，真正的原因可能不是「物質」，而是「精神」；真正的原因是「另一半沒有顧念他的感覺，讓他覺得被出賣了」。

想想，前面故事中的大哥，如果他能像老龐一樣，教自己的弟弟怎麼去說，又打個電話告訴太太，甚至先不答應弟弟，徵求太太同意之後再說，不是好得多嗎？

這大哥何止犯了沒知會太太的錯，他更大的錯是告訴四弟「正好拿個末會，有八十萬」。

換做你是他太太，由小叔子嘴裡說出：「您剛收個末會。」而且是在大嫂講家裡沒有錢之後，你能不火冒三丈嗎——

「好哇！你不但不先問問我，而且把家裡的私事，告訴你弟弟，要他來『臭』我，我就是不拿出來！」

實權與虛榮

愈是沒「實權」的人，愈要「虛榮」。

當我寫完前面老龐的故事之後，曾經把故事拿給幾個熟識的朋友看，做個民意調查：

「今天換做是你，你已經接到丈夫從機場打回來的電話，而且已經把四萬塊準備好了，你是在兒子一進門就說：『我已經知道了。喏！錢拿去。』還是像老龐的太太一樣，把錢先收著，等兒子開口？」

我問了五個做媽媽的，五個居然都說她們會裝做不知道，要等兒子開口。

為什麼？

因為她們要聽兒子怎麼說，也可以說她們要一點作主的虛榮。

這時候如果兒子不會說話，居然講：「爸爸說他要送我一臺手提電腦，四萬塊，要我找你拿」。

我敢保證，絕對有好戲上演。最起碼，那做媽的會臉一拉：

「我不知道啊！叫你爸爸自己來跟我說。」（雖然已經說過了）

談到父子，這學問更大，請看下一章。

第二十五章　你敢來壓我？

乾隆皇帝才死，和珅就被賜了死、抄了家。

「小姜，你好！」

「噢！王叔叔。」小姜站起身：「您找我爸爸啊！他在家。」

「在家？」老王看看四周，擺設全換了，伸著脖子問小姜：「你……你爸爸……」

「他退休了！」小姜一笑：「現在這是我的辦公室。」

「噢！你接手了。」老王嘴巴張得大大的，又哈哈一笑：「你接手，好！不過你爸爸可答應過我，有一批貨，我早說好我要，先存他這兒，現在我要提貨。」

「提貨？」小姜一怔：「什麼貨？訂單我看看。」

「沒有訂單。哎呀！」老王拍拍沙發：「小姜啊！我跟你老子還用訂單嗎？從你穿開襠褲，我們就在一塊兒，我們是說了算。」

「可是，可是王叔叔，他沒跟我說！」

「簡單嘛！」老王站起身，去拿電話：「我打電話給你老子，叫他跟你說。」

老王的手伸一半，小姜把電話先按住了：

「王叔叔，您別急嘛！我老爸現在一定在睡午覺，最近他身體不太好，我今天回去問他，好不好？」

聽說老姜身體不好，老王還能堅持嗎？

＊

老王才走，老姜在家裡就接到兒子的電話：

「爸爸，王叔叔剛才來，說您答應他一批貨……」

「是啊！去年了，他說他先不拿，留我這兒。」老姜乾笑兩聲：「唉！還不是因為知道要漲價，又不願意拿貨付錢，就說先存咱們這兒。」

「哪兒有這種事？」小姜叫了起來：「差了兩成！」

「唉！老朋友了嘛！老王啊，一向都這樣。」老姜嘆口氣：「就再讓他占一次便宜吧！」

「不行！」小姜居然斬釘截鐵：「我接手的時候都點過了，又算了成本會計，突然冒出這麼一個不按牌理出牌的，我全亂了。」頓了兩秒鐘：「而且我才下令全公司，用電腦估價，絕不二價，我要是自己都不遵守，以後怎麼帶人嘛？」

＊

正說呢！門鈴響，老王來了。

「聽說你老大不舒服，來看看你。」放下一大籃水果，老王過去跟老姜握握手，又拍著老姜的手：「怎麼了？退休啦？你還年輕嘛！」

「不行啦！」老姜也回拍拍老王：「這年頭，老的不吃香了，老辦法也行不通了，兒子有兒子的想法，年輕人，能改革，交給他了。」

「可是，老哥！」老王兩手端著老姜肩膀：「咱們可還有個買賣，去年初講定的……」

沒等老王說完，老姜已經直點頭了：

「知道、知道！可是……」拍拍老王，要老王坐：「可是小子當家了。」又大大嘆口氣：

「我管不住、也管不了啦！」

有話好說

老王到最後討到好處了嗎？

當然沒有！

難道老姜就不能命令他兒子，賣老爸一個面子，再給老王一次折扣？

當然可以，但是只怕他不會這麼做。

為什麼？

因為這是人性。

不再是「老子為大」

父子是非常親密的關係，所以中國人有所謂「父債子還」。問題是時代不同了，以前「父債子還」是因為兒子繼承父親的一切，那時候平均壽命短，男人往往五十歲就死了，財產既然全移交給了兒子，當然生前欠的債也得由兒子負責。

但是今天不同了，人的壽命延長了幾十年，繼承財產的方式也改變了，遺產可能一部分去了國稅局，一部分給了女兒，一部分做了公益，兒子不見得拿到多少，你還能「父債子還」嗎？

中國傳統「老子為大」的觀念也改了。兒子有兒子的想法，只怕兩代還有「代溝」，你能用老子去壓兒子嗎？

弒父戀母情結

更重要的是人性。你知道心理學上的所謂「伊底帕斯情結（Oedipus complex）」嗎？一個男孩子小時候處處向父親學習、向父親看齊；漸漸，他要跟父親比，甚至與父親為敵。父子二人下棋，兒子輸了，可能氣得翻棋盤；相反地，那父親雖然裝做生氣，把兒子大罵一頓，卻可能心中暗喜。

為什麼父子有這樣不同的表現？

因為人性——

兒子從小就希望超越父親，因為超越才能顯示他獨立。

而父親從孩子小時候，就希望兒子有一天能超越自己，只有一代比一代強，他的「種」才能更優越。

你算老幾？

當你了解這基本人性，就會知道，為什麼如果那公司的老闆是你同學的老爸，你前去自我介紹，說：「我是您公子的同學」，你很可能被另眼相待。因為那老爸會想：「這小子將來能做我兒子的助力。」

但是當你跑到一個公司，對那老闆說：「我是你老爸的同學，從小看你長大的，你小時候我還抱過你。」你非但討不到好處，還可能被排斥。

想想，那有著「伊底帕斯情結」，從小以父親為敵的兒子，好不容易脫離了老爸的管轄，今天你居然還用他老子來壓他，甚至倚老賣老，把他看成「後生小子」，他會高興嗎？

他就算表面對你禮貌，骨子裡也會討厭你啊！

小薑比老薑還辣

再讓我們回頭看前面的故事，為什麼我說，老姜不會盡力幫老王？這也因為人性，當老姜聽說兒子有他的主見、不賣老子面子，多半不會生氣，反而暗自高興——

「小子當家了！還真有魄力，敢給老王這老油條吃閉門羹，這小子還真有我年輕時的架式，小薑不見得不比老薑辣啊！」

你說當老姜這麼想的時候，他可能「真」幫老王嗎？

可悲的是，許多人不了解這一點，以為透過父母的關係去說情，會特別有用，於是明明可以直接找「小子」的事，偏要去求「老子」，到最後一點好處也討不到。

你要帶槍投靠

碰到這種情況，老王該怎麼把話說到心窩裡？

不是說「克紹箕裘」，也不見得是「青出於藍」，因為那種奉承話還是脫不了「上一代」的影子。

他應該立刻見風轉舵：「你和令尊的方法完全不一樣，全新的想法、全新的作為，了不起！」

只怕老王如果先這麼說，然後加一句「看樣子，我也該退休了。」那小姜還可能過去安慰：「您還年輕嘛！比我爸爸有衝勁多了。」

於是老王再低姿態一點，攀攀小姜的交情，小姜還可能特別開恩，給老王一個「方便」。

要知道，兒子最高興的是什麼？是見到那些和老爸同輩的人，有一天居然和自己變成同輩。那是「帶槍投靠」，顯示兒子升級、贏了老子啊！

上下任之間的心病

何止父子之間有這種心理？

幾乎所有「上一任」與「下一任」都有這樣的「心病」。

不信，你看看！

無論主官、主管或政府、政黨的領導人，有幾個「上一任」與「下一任」能處得非常好？

除非那下一任全是由上一任提拔的，即使如此，幹一陣子之後，上下任的關係還是可能搞壞。

為什麼？

因為這是人之常情。

今天你上了臺，立刻把辦公室重新布置了，甚至把同仁的辦公桌和位子重新安排了。他是上一任，走進去，心一驚：「怎麼全變了？」嘴上雖然讚美「新人新政」，心裡能是滋味嗎？

你做得好，只可能顯示他做得不好；你施行新政，就表示廢了他的舊政；你用了新人，就表示「他的人」被趕出了權力圈子。

他開始嫉妒你、排斥你。

了解這一點，第三者能託他找你說情嗎？

只怕不說還好，這一說就完蛋了。

「今天是我當家，你沒看到嗎？你為什麼不直接找我，你找我上一任幹什麼？」你能不這麼想嗎？

歷史的教訓、血淋淋的例子

把話說到心窩裡，你一定要弄清上一代和下一代之間的心理，千萬別弄巧成拙，以為自己會攀關係，或顯示自己老資格，放棄與「當權的小子」直接對話，反而去找他的「老爸」或「前任」。

你不得不放下身段，去拍晚輩的馬屁。

這有什麼辦法呢？

皇太子繼位了，你就算是前朝的重臣，也只能在下面嵩呼萬歲，聽那小子使喚。就算太上皇還有權有勢，甚至垂簾聽政，你以為走那後門還管用嗎？

可能管用，但是只要太上皇一死，你就保險完蛋。

看看歷史，有多少太上皇一死，下面「馬屁精」就被抄家甚至斬首啊？

有多少血淋淋的例子，擺在你的眼前。

（本書討論的是說話的方法，至於技術的運用，請參考《我不是教你詐》及《你不可不知的人性》。）

第二十六章　老喬吃豆腐

你既然不想跟我上賓館，
又為什麼請我吃威而鋼？

三年沒來，進市區，老喬嚇一跳！天哪！高樓一棟又一棟，完全不一樣了。遠遠看見「喜來登」的大字，這是老喬指定的旅館，上次他就住這家，覺得不錯。指一指，老喬笑道：

「到了！可真快。」

卻見尤總經理回頭一笑：「您不住這家。」

老喬一怔：「您不是說早訂好了嗎？」

「哎呀！」身邊的袁小姐插話進來：「我們找到更好的，也是五星級。」

「可是，」老喬有點不高興：「咱們不是說好住喜來登嗎？而且前天通過電話。」

「因為都客滿了，沒訂到。」尤總在前面解釋。

「沒訂到？」老喬臉色變了：「那為什麼跟我說訂到了？而且我一個多月前就叫你們訂。」

尤總臉紅了，半天說不出話，幸虧袁小姐開口：

「跟您說實話吧！我們是早訂好了，但是臨時來了國賓，為了安全，所有已經訂的都被取消。」

老喬搖搖頭，笑道：「會嗎？」但是沒再說話。

＊

換了一家旅館，果然也是五星級，而且因為才開張，比那喜來登還漂亮。

但是老喬才進房間，就一個電話打去了喜來登：

「聽說你們來了貴賓，把我們這些早訂房的客人都取消了。」

「不可能！您的大名是……」

老喬報過名字，對方立刻笑了起來：

「我知道了！他們根本是昨天才來訂房，我們客滿了。」又笑了幾聲：「他們還求我呢！所以我記得很清楚。」拉長了聲音：「告訴您！他們是騙您的！」

＊

晚上，尤總擺酒席為老喬接風。

「對不起！臨時出狀況，沒讓您住進喜來登。」尤總帶全公司的主管舉杯：「抱歉、抱歉！」

「是啊！」袁小姐也笑：「大概為了國賓的安全，把咱的訂房取消了。」

「是哪位國賓啊？」老喬對袁小姐舉杯笑道：「這麼偉大？」

「是……是……」

旁邊一個姓錢的主任插上話：「好像是美國的什麼部長……」

「對！」袁小姐大叫一聲：「那個什麼部長。」看看尤總：「您記得是什麼部長嗎？」

尤總攤攤手：「我忘了！」

老喬突然大笑了起來：「算了、算了！別掰啦！我下午已經打電話問過了，不是來了什麼國賓，是因為你們拖到昨天才去訂房，已經客滿了！」

有話好說

故事說到這兒，下面我不講了，因為你想也知道，場面會有多尷尬。

我們常怨人「吃豆腐」，吃豆腐可以形容占異性的便宜，也可以指「存心讓人下不了臺」。

老喬就是吃豆腐，他明明知道對方是因為拖，或因為忘了，前一天才去訂房，所以沒訂到。又怕他罵，所以撒個謊，說由於有國賓，訂房被取消。

那確實不是什麼高明的謊言，老喬可以一下子就拆穿。話說回來，老喬要是早拆穿倒好了，他卻憋著不說，繼續套對方的話，看對方繼續圓他們的謊，到最後幾個主管全加入了謊言，老喬再給他們一巴掌，他這樣做不是「吃豆腐」嗎？

而且老喬這豆腐吃得太過了，也吃得太毒了，那些當著部屬面，被糗得下不了臺的主管，能不恨他嗎？

引君入彀的小姐

我曾經在《愛就注定了一生的漂泊》裡說過一個故事——

有個色瞇瞇的主管，對漂亮的小姐說，星期天是他的生日。

那小姐笑道：「太好了！讓我為你慶祝慶祝吧！我鄉下有個小木屋，星期天我請你在那裡吃晚飯。」

星期天，主管準時赴約，小姐出來開門，進客廳安安靜靜，只有他們兩個人。

小姐斟上酒，點上蠟燭，向這主管敬酒。半杯下肚，主管把手伸過去，摟住小姐的腰。

小姐嬌羞地一扭身，站起來。神祕兮兮地說：「您等我一下，我進臥室換件衣服。」

主管「性奮」極了，心想「多麼體貼的女人哪！她一定是去換件薄紗睡衣出來。把握時間，我也先把衣服脫了吧！」接著把衣服脫得精光。

砰一聲，臥室門打開了。

「生日快樂！」全公司的同事，一起走了出來。

提早避免尷尬

這故事比老喬的故事還殘酷。

它殘酷在太真實了，因為這正是西方人辦「驚喜派對（Surprise Party）」的場面——一群人先躲起來，再突然出現。

殘酷的是那位小姐，她為什麼先斟酒讓那主管亂性？而且當她發現主管已經毛手毛腳，開始失態的時候，為什麼沒想到先防止接下來「可能的尷尬」？

但是，當我們怨老喬或這漂亮女職員的時候，也要想想，其實大家都可能犯同樣的錯。

舉個和老喬相似的例子——

你早早要旅行社的朋友幫你查票價，比較哪家航空公司划算。

到你快要出發了，打電話過去，問「他」查得如何。

他怔了一下，支支吾吾地。

你問：「查了嗎？不是早叫你查嗎？」

他沉吟了一下，說：「查了！一下子不知道放到哪兒去了，能不能等會兒回您電話？」

這時候，你有必要堅持立刻要答案嗎？
他忘了，他沒立刻查，他一定是放下你的電話，才趕緊去辦，你有必要拆穿嗎？
如果你真會做人，你應該在他才怔半秒鐘的時候，已經「反應」：「我想您一定正忙，等您忙完，再打電話告訴我好了。」

且莫追根究柢

又譬如紐約大都會美術館辦「中國銅器展」，你去看過了，跟朋友提到，朋友說他前天也去了，棒極了。
你算算，前天是星期一，大都會不開，於是再問一次：「前天？」
他斬釘截鐵地回答：「是啊！星期一。」
你好當面拆穿，告訴他星期一照例休館嗎？
你又好意思，繼續追問他對哪一項展品感興趣嗎？
再舉個更常見的例子。
你前一陣子生病，大家都來問候，偏偏有個老朋友一點消息也沒有。
今天遇到了，他一見面就搶著說：「哎呀！知道你病了，打了好幾次電話給你，都沒人接。」還裝樣子：「我都急死了。」

你心想：「得了吧！我電話在生病前才換的號碼，只要撥原來的舊號碼，就有錄音，告訴新電話，你要是打了，最少會知道我換了電話，而且我都在家。」

請問你，你是當面拆穿，還是表面道謝，心裡記住？

不合意，請早說

如果你在政商界，就更要講究了。

別人找你談生意，你對他一點也沒興趣，偏偏還裝做熱情，要看他的樣品。還細心地記下他的單價。他一心認為你是真有意，好比前面故事裡的「色瞇瞇主管」一樣，把褲子都脫下來了。可是，他才出門就聽說，你早已經決定了合作的對象。這時候，他能不恨你嗎——

「既然你早有定見，既然你根本無意合作，你為什麼不早講？你不是吃我豆腐是什麼？」

何必吃人豆腐

又譬如你是政黨領袖，為了一個大的政策，兩黨有了爭執。你邀請對方來跟你討論解決之道，舉國都認為這是個重要的轉機。

對方滿懷希望地來了，你也熱情地接待，拍照、發新聞。可是「他」前腳才走，「你的人」已經在另一個地方宣布「你原有的堅持」，你說，那剛才跟你談的政黨領袖能不覺得他被吃了豆腐，又能不造成關係的嚴重破裂嗎？

早斷早好

記得我有一次到個美國教授家。他是著名的演講家，一場演講最少一萬美金。單單我在他那兒幾個鐘頭，就有三通邀請他演講的電話。妙的是，對於第一通，他問得很詳細，包括人數、場地、交通，全問了，然後告訴對方他的「價碼」。第二通電話，他先告訴對方「價碼」，再問有關的問題。但是對第三通電話，他卻直截了當地說他早已排滿，安排不出任何演講。因為是熟朋友，我就問他為什麼答話有那麼大的不同。

他笑笑說：「第一個邀請的團體，我不熟，所以是我挑他，看看聽眾、場地怎麼樣，覺得不錯，再告訴他收費的方法。第二個團體，我知道他們的背景，所以直接告訴他要多少錢。」又神祕地笑笑：「至於第三個團體，我一聽就不打算去，既然不打算去，何必多問？

你問，吊他胃口，最後又拒絕他，不是雙方都不好嗎？所以不如一開始就婉轉地拒絕。」

道不同不相為謀

說了這麼多，我要講的正是如此。

「道不同不相為謀」，既然你認為「道不同」，就應該早避開，既省了雙方的時間，也免得結怨。

當你發現別人撒謊，你如果非拆穿不可，就早一點拆，甚至在他才說謊說到一半的時候，就把他的話打斷，說「我不想聽了」。免得他撒了一堆謊，才發現你早已知情，你是存心看他表演。

更重要的是，如果有個異性對你做暗示，你對他沒意思，就要早早表示，別等他愈陷愈深，把他自己的尊嚴都「脫下來」的時候，才拒絕他。

否則，他的醜態被你看到，他一定恨你一輩子。

第二十七章　看誰耐得住

要聽現場三萬人的演唱會嗎？
請先別喝水！

「我們要占百分之七十。」美國代表麥克才坐下來，就斬釘截鐵地說。

「那就沒什麼好談了嘛！」方副總扯了扯周總的袖子。

「不不不！可以談。」周總只當沒聽到，對麥克笑笑，打開手上的資料，推了過去：「您看看，將來的市場，單單在我這邊就有多少，而且還在成長。」指指資料上的一頁：「再說，運費貴，我們這邊人工又便宜得多，何必捨近求遠呢？」

那麥克，居然連資料都沒瞧一眼，就還是那句話：

「百分之七十，少一分都不成，這不是我的想法，是我公司的底線。」

「問題是……」方副總看看周總，對麥克說：「我們的底線也是百分之七十。」

麥克突然把手上的文件夾一闔，又把椅子往後挪了挪：「那就沒什麼好談的了。」接著把脖子伸長，盯著周、方二人：「喂！你是用我的品牌耶！」

「好、好、好！」周總把方副總一擋：「第一次合作，我讓！我占百分之六十，一下子減少一成。行了吧？」

「不行！」麥克哼了一聲，低頭翻他自己的文件，找出一頁，也推過桌子中間：「你們二位看看，這是上次你們來美國，大家開會的備忘錄。」

「不錯、不錯！」周總笑道，一邊做樣子翻了兩頁：「可是您要知道，今天我們打開了東南亞的市場，此一時、彼一時嘛！」

麥克沉吟了一下：「東南亞，你保證銷多少？」

方副總立刻叫了起來：「奇怪了！你為什麼沒看我們傳給你的資料呢？」

「看了！」麥克重複了一遍：「看了！」又低頭翻他手上的東西，突然抬起頭：「好吧！我讓，我們要百分之六十。」

周總沒吭氣，方副總把臉望向窗外，天已經暗了，看看錶，快六點了。

「先吃飯吧！」周總說。

*

肚子填飽，兩邊的語氣好多了，不過那冷戰的氣氛還在，雙方的部屬，雖然在另一桌，也都安安靜靜。

「繼續談吧！」周總伸伸手：「已經很有進展了！」

麥克想了想，又去跟他的副手咬咬耳朵，回來說：「好吧！談不成也沒辦法，明天我們非走不可。」

挑燈夜戰，一個大長桌，雙方二十多人，只聽見文件翻動和咖啡杯碰到碟子的聲音，居然僵在那兒，連交談的機會都沒有。

不過總算雙方都有了妥協，降到各堅持百分之五十五。

「我已經讓步太多了，讓了百分之十五了。」麥克搓著手，又看看錶：「看樣子，沒希望了。」

「有希望、有希望！」周總居然還是笑嘻嘻地說：「繼續討論嘛！」話沒說完，方副總插話進來：

「周總，您是怎麼啦？已經讓到五十五了吔！」

＊

夜深了，可以感覺外面街上變得安安靜靜，偶爾有救護車開過的聲音。

兩邊人都在打呵欠，卻又都捂著嘴，不讓人看見。

上廁所的人也多了，還有人出去抽菸。只有周總和麥克，還各自一頁一頁地翻資料。

那些文件他們早看過幾百次了，這看，是真看？還是裝樣子？沒人知道。

麥克終於忍不住了，站起身，用眼神示意一下隨員，一起站起來。再跟周總、方副總握了握手，聳聳肩：「我已經盡了最大的努力。」

兩批人往門外走，周總突然拍拍麥克，小聲說：「糟糕，我忘了講，最近澳洲有人來過，他們也打算下單。」

「噢？」麥克苦笑一下：「那又能下多少？」

「未來難說唷！」周總拍拍麥克：「再談談吧！」

麥克遲疑了，僵在大門口。

往外一步，兩邊就吹了；往裡一步，難道十一點半，還要繼續？

方副總也過來鞠個躬，伸長了胳臂，請麥克留步。

麥克深深吸了口氣，隔了半分鐘：「好吧！就百分之五十吧！希望我們做最大的讓步，能換來以後更大的成功。」

*

真是「柳暗花明」，事情突然變得出奇地順利，深夜十二點半，周總已經把麥克送回旅館，才回到車上，就一個電話打去董事長家：

「對不起！讓您久等了，居然談成了吔，各占百分之五十。」

就聽那邊一片歡呼聲，原來董事會幾個「大頭」都在那兒。

這邊麥克才進房間，也撥了越洋電話：

「太成功了、太成功了！硬是沒被他們吃定，硬是談成了——百分之五十！」

有話好說

如果你初入社會，一定會覺得匪夷所思：

「怎麼可能？兩邊原來都堅持百分之七十，最後居然會雙雙讓步，談成百分之五十。要讓也不可能這麼讓嘛！」

但是如果你在商場和外交圈久了，一定就能了解，什麼叫做「談判」、什麼又叫「折衝樽俎」。

談判就是把原來不可能談成的事談成。

「折衝樽俎」就是把幾乎已經撕破的臉，變成笑臉。

當然這「談判」與「折衝」，也就是說話的最高藝術了。

先進兩步，再退一步

看政治和外交的新聞，你一定常會罵：「奇怪了！為什麼雙方都那麼堅持？退一步海闊天空嘛！」

等到峰迴路轉，雙雙做了讓步，你又可能罵：「早知道後來會讓，何不一開始就別堅持？」

如果你這麼說，就是太外行了。

要知道，談判好比兩國爭疆界，雙方一定都往對方那裡畫線，然後一點一點退、一點一點讓，最後終於達成共識。

要是你一開始，就很「禮讓」，就很「君子」，把線畫在中間。對不起！對方一定得寸進尺，最後把那條線畫到你的國土上。

現在你就可以了解，前面故事裡，其實雙方都在演、都在熬、都在耗，耗到最後的底線。在那耗的過程中，任何一邊鬆口，對方就占了便宜。

耗到你不行

「耗」是門很大的學問。

不知你有沒有聽過這麼個笑話——

有個書商找推銷員，挨家挨戶去銷他們的新書。

每個來應徵的都能說會道，只有一個，居然是嚴重的結巴。

「你行嗎？」書商問。

「ㄒ……ㄧ……ㄥ……行……」那結巴花了五秒鐘才答一個字。

「好好好！」書商笑起來：「你就試一天吧！」

一天過去，大家都回來交成績。

居然結巴賣得比誰都多。

「為什麼？」大家不信。

「因……因……因……為……我……每到……一……家……就……就……打開……開……書書書書……說……我……我……念……念……」

笑話說到這兒，你看懂了嗎？

結巴成功，因為他會「耗」！當初那書商用他，不也是受不了他說話的速度嗎？只怕他的同事也受不了他的答案，他才講一半，大家就說聽懂了。

這雖然是個笑話，但是也呈現一個事實——

慢慢熬、慢慢耗、慢慢談，許多原本談不成的事，都能談成。

疲勞轟炸的戰術

人有個毛病，就是禁不住疲勞轟炸。

譬如一個人去選家具，他看了這樣看那樣，逛完這家逛那家，比比這比比那，最後聽累了、走累了，很可能莫名其妙地選了他最後看到的那一樣。

那一樣真是最好的嗎？只怕不是！

但是他已經倦了，早完早好，他只想把事情辦完，於是做了決定。

仔細想想，公司裡許多會議、立法院許多議案，不是都拖來拖去，拖到最後一分鐘，「散會」和「休會」之前，「挑燈夜戰」才通過嗎？

那些決定，都是最深思熟慮的結果嗎？抑或只因為大家都太累了？

設下談判的陷阱

再讓我們回到故事裡的百分之七十這件事。

要知道，會推銷的人，除了會先占地盤，再一點一點退的技術，還會使用「陷阱」。

舉個例子，一個房地產掮客，他可能帶你看幾十戶房子。那些房子不是太舊就是太貴。

當你發現原來房子這麼難找，正想打退堂鼓的時候，他突然告訴你一個好消息：「有個才推出的房子，真是千載難逢的機會，被你碰上了。」

他帶你去，果然！樣樣都合，你立刻買了，心想：「唉！早知道看這一戶就成了，前面何必浪費那麼多時間。」

你豈知道，他帶你看那幾十戶，就是為了要你買這一戶啊！他先把你的銳氣挫到最低，再給你豁然開朗。這就好比前一個禮拜醫生先說你恐怕有「大毛病」，這個禮拜檢查報告出來，又告訴你「沒問題」一樣，使你在大失之後有了大得的喜悅。

請你隨我來

那揖客的技巧，處處可用——

譬如你要請女朋友看電影，你知道她想看《情人節快樂》，可是你實在受不了那種愛情文藝，你想看的是《福爾摩斯》。你能問女孩子：「要看《情人節快樂》還是《福爾摩斯》？」嗎？

當然不會！於是你可以問她：「有好幾部電影給你挑，有《狼嚎再起》，很殘酷，有血腥的鏡頭。」

「噁心！不要！」她喊。

「還有《食破天驚》，是動畫片，可能有點幼稚。」

「我才不要呢！」她又喊。

「對了！還有一部《福爾摩斯》，動作加愛情……」

「就看這部吧！」

於是你成功了，因為你設了陷阱，讓她比較，然後做了「你滿意」的選擇。

對比的藝術

說話講究氣氛、講求環境。而那氣氛與環境則包括了最重要的「對比」。

如同你結婚請伴娘，不會請一堆比你豔麗高䠷的，最起碼你會找與你差不多的（甚至比你醜多了的）。這樣對比之下，才不使你失色。

談判也一樣，那是一連串的「暗地較勁」，你必須把自己的陣勢布好，隨時暗示你的底線，隨時讓他比較各種條件，認識「你」，也認識「他自己」，你更可以把他有的選擇攤在他面前，用對比的方式，把他帶到你要的方向。

最後，我要引用一句外交界常說的話：

「如果有絕對談不成的事，就不叫外交了。」

面對多麼大的衝突，你都要學前面故事中的那位周總，笑笑：「可以談，有希望！」

然後，把事情談成。

第二十八章　受氣包的報復

在籃球場上把對方狠狠地撞倒，
不挨揍的方法就是把他拉起來。

「怎麼樣？旅途愉快嗎？」琳琳幫小秦把行李抬上車。

「你不要糗我了好不好？你又不是不知道。」小秦悶悶地說：「我快氣炸了！」

「氣炸了！真的嗎？」琳琳笑笑：「我聽的怎麼不是那麼回事呢？李副總，還有要走的劉經理都講，你打電話回公司說好極了，還說小牛好極了，你們處得很好。」

小秦臉色突然變了：「你是信我還是信人家？我說快被氣死了，就是快被氣死了。」

「可是、可是為什麼你打電話回公司的時候，不告小牛一狀，還說他表現很好呢？」琳琳把語氣緩下來：「要不是你叮囑我，我都想去參小牛一本了。」拍拍老公：「我老公太受委屈了嘛！」

「不吃著，有什麼辦法？」小秦一邊開車，一邊嘆氣：「誰讓我外文不好呢？碰到洋人都由他開口，我本來就處於劣勢，我能跟他翻嗎？翻了又能完成任務嗎？不管怎麼樣，幾筆生意全談成了，氣就忍下來吧！」

「可是……」琳琳可是了老半天，才小聲說：「你知不知道，那姓牛的倒告了你不少狀？」

「我當然知道。」

「那你為什麼不告回去？」

「他愈告，我愈不能告，兩個人都告，讓老闆怎麼想？」

「問題是，老闆會不會就認為你是飯桶、窩囊廢呢？」
「你說什麼？」小秦吼了起來：「連你都這麼說。」
「你別急嘛！喂！我是你老婆，我只是為你不平。」

*

當天晚上，公司就舉行了慶功酒會，為這次談成幾筆大買賣慶祝。
小秦和小牛當然是主角。
廖董事長和方總經理也都到了，廖董一見小秦面，就握著小秦的手問：「怎麼樣？還好吧？」
「好極了、好極了！」小秦笑著回答。
「那就好、那就好！」廖董又拍拍小秦的手。
方總也過來拍拍小秦：「一路上辛苦啦！你們兩個主任，都是大才，能合作，不容易。」又歪著頭，盯著小秦：「還勝任愉快嗎？」
「愉快、愉快！」小秦的臉一下子紅了起來，他不知道那「勝任」兩個字，有沒有弦外之音。

＊

抬頭看，小牛那邊可熱鬧了，除了跟幾個女同事，好像八百年不見，又摟又抱，還大聲賣他的洋文。

「不錯嘛！出國一個月，英文更棒了，簡直就像美國人說的。」「看樣子，洋人都被你唬住了。」「哎呀！你忘啦！小牛是留美碩士，本來英文就棒。」「會不會交上什麼洋妞啊！」「不會改天一下子成為洋女婿，飛到美國去了吧？」

幾個三八女生，你一言我一語地逗小牛，還放肆地尖笑，愈顯得小秦這邊冷清。尤其當他隱隱約約聽到李副總對小牛說這次出國的表現，對他升官大有幫助，小秦的心更是一下子跌到谷底。

＊

「我說嘛，你不告他狀，讓他吃得死死的，到最後，他一定爬到你頭上。」才進門，琳琳就把皮包一摔：「一晚上，我覺得嘔死了！」抬起淚眼：「你知道嗎？你那幾個女同事，已經叫小牛『牛經理』了。你說他好，根本就是保送他上壘嘛！」

小秦沒吭氣，一晚上兩口子沒說話，也都沒睡好。

翌日，天才亮，小秦就起來了，坐在床沿上說：「聽你的，我今天就去跟李副總報告，我實在忍無可忍了。」

＊

小秦早早就進了辦公室，注意著門外，李副總來了沒有。

九點二十，才見電梯裡走出方總和李副總，算著他們進了辦公室，小秦趕緊撥電話過去。王祕書接的，一接就先說：「好極了、好極了！老闆正要找你呢！快過來吧！」

小秦的心一下子寒了，臉色變得蒼白。「完了！已經遲了！」他心想：「不知小牛又說了什麼，只怕得捲鋪蓋了。」

小心翼翼地推開李副總的門，嚇一跳，居然廖董和方總都在裡面，正談笑呢！看見小秦，立刻靜下來。

「坐、坐！」廖董叫小秦坐下來。摸著山羊鬍子，盯著小秦看，看一陣，笑了：「看不出來，你這麼年輕，能有這分城府，不！不叫城府，叫容人之量。你知不知道小牛一路告你的狀？」

小秦點點頭。

「你既然知道，每次我問你，你為什麼還誇小牛表現好？」方總在旁邊問。

「這是teamwork，我得跟他配合，他外文比我強。」

廖董突然大笑了起來，指著小秦：「這話有語病唷，我半句洋文都不通，怎麼樣？我該走路？」

小秦臉一下子紅了，一屋子人卻笑了。

「做領導人不是只靠學問，更要有雅量，我過去沒看出來你這麼能忍，是大才。」廖董抬頭看看方總：「怎麼樣？你們可都同意了啊！」再拍拍小秦：「下個月劉經理離職，由小秦接！」

有話好說

廖董講得一點沒錯——

要一個公司好，主管必須有容人的雅量。學問再好，如果容不得人，只會打小報告、搞小圈圈，只可能把公司弄得雞犬不寧。

所以小秦的成功，在於他能忍，他不要在外國客戶面前丟人，也不想讓國內的長官不安，即使知道小牛不斷告他狀，他非但不辯，還反過來讚美小牛。

讚美你的敵人

「讚美敵人」正是說話的重要技巧啊！

你今天不小心，犯了錯，一個個跟你有宿怨的人，都出來責怪你。

這時候你能辯嗎？

你只要一辯，大家的炮火就對準了你的錯。既然有錯，無論大錯還是小錯，你就不可能推得一乾二淨，反而因為炮火集中，愈使人覺得你「強辯」、「死不認錯」，愈使你的小錯成為大錯。

相反地，你乖乖認錯，反過來讚美那些罵你的人，說：「他是長輩，我一定尊重他的教誨，好好反省、改正。」「他是先進，我以後要多向他請教。」

「伸手不打笑臉人」，他還好再罵嗎？

你讚美他，他還對你窮追猛打，別人會怎麼說？只會說他不厚道吧！

以怨報德、以德報怨

很多情勢就是這樣逆轉的——

你一定常碰到，甲跟你讚美乙，改天你遇到乙，他卻狠狠地罵甲。

這時候你會不會說：「喂！我跟你說，甲可是才跟我說你好呢！」

當你這麼講時，乙一定一怔，他能怎麼答？

這一刻，他已經輸了。

結果乙罵甲的事實被忽略了，那以怨報德不合人情的做法，反而成為了焦點。

許多人就因為懂得這一點。譬如你明明知道某人會參你一本，你反而搶先一步，出來公開讚美某人。

某人聽說，原來要罵你，不是也罵不出來了嗎？就算原來要大罵，不是也得改為小罵了嗎？

給他面子，給你裡子

讚美對手還有個好處，就是給自己挽回一點面子。

你一定常看見拳王爭霸戰，拳擊手在比賽前對罵的場面，好像是不共戴天之仇，非第一回合就把對方撂倒的樣子。他們甚至在記者會上就能大打出手。

比賽日子到了，兩個人殺氣騰騰地上臺，一開始就出重拳，打得雙方都血流滿面，眼睛腫得像胡桃似地，不得不切開放血。

然後，強弱漸漸分明，終於甲拳手一記重拳，把乙拳手打倒在地，再也爬不起來。

接下來，記者訪問，那戰敗的乙選手還講狠話嗎？如果是積分落敗，還有話講；而今被擊倒在地，還有什麼話說？敗軍之將不可言勇啊！

於是他可能一百八十度大轉變，居然說：「甲打得太好了，我雖然打得不差，但是他更棒，他是當今世界上最偉大的拳王，我還要再努力，再找他挑戰。」

你老大，我老二

想想，乙為什麼不再說大話？為什麼反而讚美甲是最偉大的？

再想想二〇〇一年九月六號，美國網球公開賽，山普拉斯在阿格西老婆面前，場場「搶七」，硬是把阿格西淘汰出局之後，阿格西為什麼沒有嘆自己球運不好，場場都只輸那麼一點點，反而握著山普拉斯的手說：「這比賽真令我高興，」然後拍拍山普拉斯：「在下一場決賽，把冠軍贏過來。」

他們這樣說，是在給自己「做面子」啊！

你是世界第一的拳王，我只比你差一點點，是第二。

你拿冠軍，表示我只差冠軍那麼一點點。

相反地，如果我罵你是最爛的，或咒詛你下一場輸掉，不是相對地，我輸給你，就比最爛還爛了嗎？你再輸一場，就表示我是別人「手下敗將」的「手下敗將」了嗎？

不否定別人

讚美你的敵人，是一種很高的說話藝術，最起碼，你說得出口，就表示了修養。

讚美別人，也包括「不否定與你不同的人」。

舉個例子，你今天去看畫展，心裡想「那根本是亂抹，爛透了！」但是你不能直說，直說只會顯示你的自大和自以為是。

於是你可以說：「我不懂他的畫，但是我相信他這麼表現，一定有他的道理。」

尊重你的對手、放寬你的心胸

更高境界的讚美，是對那些輸給你的人，表示尊敬——比賽完畢，你是勝方，你先伸出手去。

殊死之戰，你把頑敵擊潰了，你厚待他的戰俘，安葬他的士兵，甚至帶領同袍，向死者行禮，表示你尊重他這個「誓死不屈的敵人」。

你顯示了泱泱的風範，也用敵人誓死不屈的「軍魂」鼓勵你的戰士，這不更顯示了你的偉大嗎？

有容乃大！

一個會說話的人，總是心胸和視野最寬闊的人。只有心胸寬的人，他的話語才能厚道；只有視野寬的人，他的話語才能公正。只有這二者都寬的人，才能不卑不亢，用真情「把話說到心窩裡」！

【原版後記】

你說話，他窩心

我太太總是我的第一個讀者。

記得我剛寫完《把話說到心窩裡 1》的時候，她說：「太好了，應該叫爸爸看（意思是要我岳父看）。」

可是當她看完這本第二集，卻說：「太好了！應該叫兒子看。」

我問她為什麼這次是「兒子」，不是「爸爸」？

她笑笑：「這裡面講的不是小兩口吵架、夫妻相唱和、年輕人相親，就是辦公室的鬥爭和商場上討價還價，當然應該給年輕人看。至於上一本嘛……有很多教人別心直口快的東西，是爸爸的問題，所以爸爸應該看。」

細想，她說的還真有道理。在第一集裡，我講了許多說話的方法，甚至包括重音、頓挫和四聲，強調的是說話本身；在這本書裡則討論了許多聽話者的感覺，譬如做一點事就邀功，造成的反感；當著大家面跟老朋友問價錢，造成的困擾；碰上少東接掌公司，談上一代關係，造成的反效果；白天貶抑丈夫，在晚上可能產生的副作用；遇上難應付的場面怎樣轉移話題，甚至在颱風淹水之後，如何揣摩房東的心理去要求「減租」。

也可以說，在這本書裡，更深入地討論了聽眾心理。

「把話說到心窩裡」，一邊是「說話」，是自己說話；一邊是「心窩」，是別人的心窩，本來就是互動的。正因此，我希望每位讀者都能兩本書一起看。

*

這本書推出，距離第一集已經足足十八個月，我很驚訝在這段時間接到許多讀者的催促，要我早早出版下一本。也很欣喜第一集能登上金石堂暢銷書排行榜達十五個月之久，且被許多公司選為員工必讀。

我確實早就想把這第二集推出，只是寫精彩的故事不難，難在「思想的整合」，也可以說難在把複雜的說話技巧，化作有系統的理論。

相信也會有不少讀者，在這本書出版之後，問我第三冊何時推出。那麼不如讓我先告訴大家：其實第三集「幽默篇」早已收齊了資料，裡面有各種形式的幽默，也有帶「葷味」的笑話，但它同樣給我很大的挑戰——我不希望那是一本笑話集錦，而希望從「邏輯」、「語言」、「對比」、「驚異」、「聯想」等不同角度，探索幽默的技巧。使幽默不只是聰明人的專利，更是大家都能靈活運用的社交方法。

所以第三集的出版，最快也是一年之後的事，敬請讀者見諒。

＊

寫到這兒，看見報上刊登了阿富汗駐巴基斯坦大使札葉夫，在被問到「神學士政權會不會從賓拉登集團弄到核子武器」時，札葉夫一笑，指著發問的法國記者說：「阿富汗連玻璃杯都做不成，哪有可能搞核武？」

多妙啊！即使在戰爭中，面對那麼尖銳的問題，都能用「四兩撥千斤」，不正面作答的方式化解。

說話的技巧真是太重要了啊！

＊

尷尬的場面需要幽默，死板的場面需要笑話，僵持的場面需要轉進，仇恨的化解需要寬恕，戰亂的時代需要愛。

為回饋社會，這本書的版稅五十萬元已經捐作公益之用。

沒有您的支持，我不可能做到這些。在此，向您致上十二萬分的感謝。

劉墉於二〇〇一年

繽紛 245

把話說到心窩裡

作　　者／劉　墉
發 行 人／張寶琴

總 編 輯／周昭翡
主　　編／蕭仁豪
資深編輯／林劭璜
編　　輯／劉倍佐
資深美編／戴榮芝
版權管理／蕭仁豪
業務部總經理／李文吉
發行助理／詹益炫
財 務 部／趙玉瑩
　　　　　韋秀英
人事行政組／李懷瑩

法律顧問／理律法律事務所
　　　　　陳長文律師、蔣大中律師

出 版 者／聯合文學出版社股份有限公司
地　　址／臺北市基隆路一段 178 號 10 樓
電　　話／（02）27666759 轉 5107
傳　　真／（02）27567914
郵撥帳號／17623526 聯合文學出版社股份有限公司
登 記 證／行政院新聞局局版臺業字第 6109 號
網　　址／http://unitas.udngroup.com.tw
　　　　　E-mail:unitas@udngroup.com.tw

印 刷 廠／約書亞創藝有限公司
總 經 銷／聯合發行股份有限公司
地　　址／231 新北市新店區寶橋路 235 巷 6 弄 6 號 2 樓
電　　話／（02）29178022

出版日期／2025 年 8 月　初版
定　　價／420 元

作者已將本書首刷版稅悉數捐給公益團體並在水雲齋 http://syzstudio.com 公布明細

ISBN　978-986-323-710-5（平裝）

國家圖書館出版品預行編目資料

把話說到心窩裡 / 劉墉著 . -- 初版 . -- 臺北市 :
聯合文學出版社股份有限公司 , 2025.08
352 面 ; 15×21 公分 . -- （繽紛 ; 245）

ISBN 978-986-323-710-5（平裝）

1.CST: 說話藝術 2.CST: 溝通技巧

192.32 114010781